Virtual-Reality-Therapie

Michael Altenhofer · Paul Pauli · Daniel Gromer ·
Johannes Lanzinger · Marcus Täuber ·
Sabine Edlinger-Starr

Virtual-Reality-Therapie

Anwendung in Klinischer Psychologie und Psychotherapie

Springer

Michael Altenhofer
VR Coach GmbH
Werfenweng, Österreich

Paul Pauli
Lehrstuhl für Psychologie I
Universität Würzburg
Würzburg, Bayern, Deutschland

Daniel Gromer
Lehrstuhl für Psychologie I
Universität Würzburg
Würzburg, Deutschland

Johannes Lanzinger
Wien, Österreich

Marcus Täuber
Institut für mentale
Erfolgsstrategien
Wien, Österreich

Sabine Edlinger-Starr
San Diego, CA, USA

ISBN 978-3-662-63456-1 ISBN 978-3-662-63457-8 (eBook)
https://doi.org/10.1007/978-3-662-63457-8

Die Deutsche Nationalbibliothek verzeichnet diese Publikation in der Deutschen Nationalbibliografie; detaillierte bibliografische Daten sind im Internet über http://dnb.d-nb.de abrufbar.

Planung/Lektorat: Heiko Sawczuk
Springer ist ein Imprint der eingetragenen Gesellschaft Springer-Verlag GmbH, DE und ist ein Teil von Springer Nature.
Die Anschrift der Gesellschaft ist: Heidelberger Platz 3, 14197 Berlin, Germany

Vorwort

Was ist die Virtual-Reality-Therapie?

In der VR-Therapie bewegen sich Patienten/Patientinnen mittels VR-Brille durch virtuelle Umgebungen. Diese Umgebungen können einen Angstreiz auslösen. Das passiert in Szenarien, in denen zum Beispiel eine Spinne über einen Tisch krabbelt oder Patienten/Patientinnen vor Publikum einen Vortrag halten sollen. Durch die Konfrontation mit dem Angstreiz erlernen die Patienten/Patientinnen den Umgang mit diesen Situationen im Alltag.

Die Therapeuten/Therapeutinnen stehen während dieser virtuellen Konfrontationen begleitend zur Seite. Außerdem kann in der Therapeuten-Software auf dem Desktop die Konfrontation graduell gesteigert werden. Das betrifft zum Beispiel die Größe oder Anzahl der Spinnen oder die Reaktionen des Vortragspublikums. Bei allen Konfrontationsszenarien gibt es etwas, das Therapeuten/Therapeutinnen steuern können.

Die Vorteile und Wirksamkeit der VR-Therapie wurden in zahlreichen Publikationen und Studien belegt. Zum Beispiel wurde in einer Studie herausgefunden, dass die VR-Therapie im Vergleich zur sehr aufwendigen In-vivo-Therapie gleich gute Ergebnisse erzielt, gleichzeitig aber geringere Therapieabbrüche verzeichnet.

Im vorliegenden Buch finden Sie im Kapitel von Hirnforscher Marcus Täuber Informationen zu vielen weiteren Studien betreffend Virtual Reality in der Psychologie und Psychotherapie. Dabei geht es nicht nur um die Behandlung von Phobien, sondern auch um Entspannungstrainings in virtuellen Naturlandschaften.

Mit Paul Pauli und Daniel Gromer von der Universität Würzburg steigen Sie ganz konkret in das Thema Angstbehandlung mit Virtual Reality ein. Deren Institut gilt als Vorreiter im deutschsprachigen Raum – seit über zwanzig Jahren wird dort an diesem Thema geforscht. Exklusiv wird in diesem Buch auch eine Studie über eine Höhenangstbehandlung veröffentlicht.

Der Psychologe Johannes Lanzinger aus Wien ist der Praktiker unter den Autoren/Autorinnen. In seinem Angstbehandlungszentrum Phobius therapierte er Hunderte Patienten/Patientinnen mit der Virtual-Reality-Therapie. Als Leser/Leserin bekommen Sie von ihm ein Therapie-Manual an die Hand, mit dem Sie Ihre Angstpatienten/-patientinnen sicher und professionell abholen.

Die in den USA lebende Psychologin Sabine Edinger-Starr berichtet Interessantes zum Thema Sozialphobie – und welche Besonderheiten es dazu in ihrem Land gibt. Ihre eigenen Erfahrungen kombiniert mit weiteren Behandlungsideen betreffend VR-Therapie erweitern den eigenen Horizont. Auch das Thema Sucht im Kontext der Konfrontationstherapie wird von ihr neu vermittelt.

Gegen Ende erfahren Sie ganz konkret, wie auch Sie in Ihrer Praxis mit der Virtual-Reality-Therapie beginnen können. Und alles in diesem Buch Gelernte für Ihre Patienten/Patientinnen einsetzen.

Viel Freude mit diesem Buch wünscht Ihnen

Michael Altenhofer
(Co-Gründer der VR Coach Gmbh)

Inhaltsverzeichnis

Die Anwendung von Virtual Reality im psychologisch-psychotherapeutischen Kontext aus Sicht der Neurobiologie

Marcus Täuber

Virtual Reality (VR) basiert auf Simulationen der Wahrnehmung. Sie kann für psychologische und psychotherapeutische Interventionen Einsatz finden, wo Vorstellungsübungen von Nutzen sind. Neurobiologisch kommt dabei die grundsätzliche Äquivalenz zwischen Wahrnehmung und Imagination zum Tragen.

Mit VRET (Virtual Reality Exposure Therapy) können belastende oder das Verhalten negativ beeinflussende Stimuli, wie sie bei Phobien oder Süchte auftreten, verbessert werden. VR-Naturkulissen können Relaxation induzieren, aber auch bei Kontrastierungsstrategien für transformatives Lernen und zur Ressourcenstärkung verwendet werden. Methode der Wahl insbesondere bei VRET sind computergenerierte Bilder mit hoher Immersivität.

VR-Interventionen sind evidenzbasierte Ergänzungen des therapeutischen Repertoires und werden in Zukunft in Psychologie und Psychotherapie eine unverzichtbare Rolle einnehmen.

1 Vorstellung, Wahrnehmung und VR

Mentale Repräsentationen bzw. Vorstellungen sind fundamental für Erinnerung, Zukunftsplanung, Navigation und Entscheidungen. Außerdem spielen menschliche Vorstellungen eine wichtige Rolle in der Ausprägung psychischer Erkrankungen und deren Behandlung.

Unter „mentaler Vorstellung" fallen dabei Repräsentationen und damit verbundene sensorische Erlebnisse, die ohne direkten externen Stimulus ablaufen. Sie kommen aus der Erinnerung und basieren auf einem Wiedererleben vergangener Reize oder der Neukombination dieser Reize aus dem Gedächtnis.

M. Täuber (✉)
VR Coach GmbH, Wien, Österreich
E-Mail: taeuber@ifmes.at

M. Altenhofer et al., *Virtual-Reality-Therapie*, https://doi.org/10.1007/978-3-662-63457-8_1

Aus neurobiologischer Sicht sind Imagination und Wahrnehmung keine gänzlich unterschiedlichen Phänomene, sondern de facto vergleichbare Prozesse. Anhand der Studienlage ist festzuhalten, dass visuelle mentale Vorstellung funktionell als eine schwache Form von Wahrnehmung betrachtet werden kann. Die neuronalen Repräsentationen von mentalen und wahrgenommenen Bildern finden im primären visuellen Kortex V1 statt. Zudem besteht eine Involvierung des visuellen Arbeitsgedächtnisses bei beiden Phänomenen (Pearson et al. 2015).

Diese prinzipielle neurobiologische Analogie von Vorstellung und Wahrnehmung ermöglicht, Imaginationen wie sie in Psychotherapie, klinischer Psychologie oder mentalem Training Anwendung finden, durch Wahrnehmungsreize entweder zu ergänzen oder überhaupt vollständig zu ersetzen. Bedenken, virtuelle Realitäten würden im Gegensatz zu Imaginationen passive Vorgänge darstellen, die auf anderen Hirnarealen beruhen und weniger Wirkung entfalten, sind aus dieser Sicht unbegründet. Zudem bedeutet diese funktionelle Ähnlichkeit, dass sich Erkenntnisse zur Wirkung von Imaginationen auf den Kontext virtueller Realitäten als eine Form von Wahrnehmung unter kontrollierten Bedingungen grundsätzlich übertragen lassen.

In der Sportpsychologie kennt man das wiederholte Sich-Vorstellen eines physischen Handlungsablaufes, ohne die Handlung aktiv auszuüben. Eine Verbesserung des Bewegungsablaufes in der bewussten intensiven Vorstellung soll eine Verbesserung des späteren tatsächlich ausgeführten Bewegungsablaufes bewirken. Physiologische Grundlage ist dabei der ideomotorische Effekt oder Carpenter Effekt. Mithilfe von EMG-Muskelaktivitätsableitungen lassen sich nicht-bewusste und nicht bis zur sichtbaren Ausführung gelangende schwache Muskelaktivierungen nachweisen, die strukturell im Impulsmuster den wahrgenommenen vorgestellten bzw. gedachten Bewegungen entsprechen. Anwendungen findet dieser Umstand nicht nur im Sport-Mentaltraining, sondern auch in der Rehabilitation beispielsweise von Schlaganfallpatienten oder beim Training von Chirurgen, wenn es um die Optimierung kritischer feinmotorischer Herausforderungen geht (Mayer und Hermann 2015).

Imaginationen können prinzipiell von einer gedachten Innen- bzw. Nah- oder Außen- bzw. Fernperspektive durchgeführt werden. Generell ist die Innenperspektive mit stärkerer emotionaler Involvierung verbunden. Neuroimaging-Daten an gesunden Probandinnen und Probanden zeigen, dass Hirnbereiche für emotionale Verarbeitungen im dorsomedialen präfrontalen Kortex (mPFC), im anterioren cingulären Kortex (ACC), in der Amygdala sowie im insulären Kortex liegen. Die Aktivierung dieser Areale wurde auch bei mentalen Imaginationen beobachtet (Holmes et al. 2010; Ji et al. 2016).

Imaginationen haben einen hohen Stellenwert in der Therapie. Mentale Bilder dürften in ihrer emotionalen Wirkung verbalen Inhalt überlegen sein. Verglichen mit verbalen Gedanken ähnlichen Inhalts, werden mentale Bilder als realer beurteilt (Holmes et al. 2010). Mentales Probehandeln erhöht die Chance, dass eine Person das vorgestellte Verhalten auch tatsächlich durchführt. Bei erwünschten Verhaltensweisen erweist sich dies als Vorteil, in der psychopathologischen Praxis kann sich diese Imagination als negativ und schädigend erweisen. Beispielsweise bei Zwangserkrankungen, wenn sich

Patientinnen und Patienten das Waschen der Hände vorstellen oder bei Süchten, wenn die suchtmachende Substanz stark imaginiert wird. Depressive haben Schwierigkeit, sich positive Zukunftsereignisse vorzustellen (Blackwell 2019).

Der Zusammenhang von mentalen Bildern mit psychischen Störungen wie auch die emotionale Wirkung von Imaginationen unterstützen die Erfahrungen aus Psychologie und Psychotherapie. Imaginationstraining kann als effektive Unterstützung in der Arbeit mit Patientinnen und Patienten angesehen werden. Ihre Relevanz in der Therapie – und die Erkenntnisse zu diesen Anwendungen – gestatten Rückschlüsse auf den Einsatz von VR-Bildern im therapeutischen Kontext.

2 VR in klinischer Psychologie, Psychotherapie und Psychiatrie

Die Konfrontations- oder Expositionstherapie ist als effektiver Ansatz in der Behandlung von Phobien etabliert. Der Angstreiz kann unter kontrollierten Bedingungen graduell und wiederholt präsentiert werden. In weiterer Folge kommt es zur Gewöhnung, die neurobiologisch mit einer Beruhigung der Amygdala und der damit einhergehenden Veränderung der Reaktionsintensität einhergeht. Die erste wissenschaftliche Publikation zur Anwendung von Virtual Reality Exposure Therapy (VRET) geht auf eine Arbeit zur Akrophobie auf 1995 zurück. Die technischen Möglichkeiten hinsichtlich realitätsnaher Simulationen waren allerdings damals noch sehr bescheiden (Maples-Keller et al. 2017).

Seit einigen Jahren wird diese Therapieform unter Zuhilfenahme von VR sehr intensiv untersucht, und die VRET kann auf einen hohen Evidenzgrad verweisen. Dabei kommen computergenerierte immersive 3D-Räume (CGI, „computer generated images“) oder 360-Grad-Videos zum Einsatz, in denen Patienten mit angstauslösenden Situationen oder Objekte konfrontiert werden. Teilweise können sich Patienten durch diese CGI-Räume virtuell bewegen und mit der Umgebung interagieren, was die Immersivität gegenüber reinen Videos erhöht. Den Grad der Konfrontation können Patienten und Patientinnen sowie Therapeuten und Therapeutinnen dabei steuern. Begleitinterventionen wie Entspannungsübungen oder Gespräche ergänzen die VRET.

VRET folgen prinzipiell demselben Prozess wie herkömmliche Therapiemethoden und ersetzen oder ergänzen diese. Die ersten Sitzungen fokussieren üblicherweise auf Psychoedukation in Bezug zur jeweiligen Erkrankung und erläutern den Ablauf VR-basierter Expositionen. Entspannungs- oder Copingstrategien werden ebenso eingesetzt wie Atemübungen, Entspannungstechniken oder kognitive Umstrukturierungen. In den Folgesessions wird die VR-Exposition auf das Tempo des Patienten und der Patientin individuell angepasst und der Expositionsgrad schrittweise erhöht.

Traditionelle Expositionstherapien, die auf Imaginationen beruhen, sind vom Vorstellungsvermögen der Patienten abhängig. Solche Visualisierungsprobleme können mit VR umgangen werden. In-vivo-Expositionen wiederum können kosten- sowie zeitintensiv sein und in einigen Bereichen nicht praktikabel, beispielsweise wenn es um

Flugangst geht. Die Studienlage und praktische Anwendung der VRET in Zusammenhang mit Ängsten wird an anderer Stelle in diesem Buch diskutiert.

Wissenschaftliche Untersuchungen zu VR bei psychischen und psychiatrischen Erkrankungen gibt es nicht nur bei spezifischen Phobien, sondern auch bei sozialen Ängsten, PTSD, Panik und Agoraphobie, Zwangsstörungen, Schizophrenie, akuter und chronischer Schmerz, Sucht, Essstörungen und Autismus. Ein systematischer Meta-Review kommt zum Schluss, dass die Datenlage den Einsatz von VR in der Behandlung von Angsterkrankungen, beim Schmerzmanagement, Adipositas und Essstörungen sowie bei stressbezogenen Beschwerden unterstützt. Mehr Evidenz für den Nutzen von VR bei Depression und Schizophrenie ist nötig (Maples-Keller et al. 2017).

Drei randomisierte kontrollierte Studien zeigen über einen Zeitverlauf von einem Jahr, dass VR bei der Behandlung von Ess- und Gewichtsstörungen der kognitiven Verhaltenstherapie teilweise überlegen ist. Bei spezifischen Phobien wie PTSD zeigt die VRET signifikante Ergebnisse gegenüber Warteliste-Patienten sowie vergleichbare Resultate zu traditionellen Expositionsverfahren. Dies ist bei Klaustrophobie, Akrophobie und generalisierter Sozialphobie gezeigt, aber auch bei Flugangst (Maples-Keller et al. 2017).

3 Die Wirkung von VR-Naturkulissen

Zahlreiche Studien belegen, dass selbst kurzzeitige Naturexpositionen positive Effekte auf Gesundheit und Wohlbefinden haben. Dazu gehört das Erleben von Wäldern, Parks und Stränden, insbesondere für Menschen im urbanen Raum. Die Weltgesundheitsorganisation WHO fasst in einem Report 2016 zusammen, wie Natur im städtischen Raum (Grün- und Wasserflächen) sich positiv auf Körper und Geist auswirken (Egorov et al. 2016):

- erhöhte Entspannung und Erholung,
- erhöhte soziale Kontakte,
- erhöhte Funktion des Immunsystems,
- erhöhte körperliche Aktivität,
- verbessertes Abpuffern menschengemachten Lärms,
- weniger Luftverschmutzung,
- weniger Großstadthitze
- umweltfreundlicheres Verhalten sowie
- optimierte Sonnenlicht-Exposition und verbesserter Schlaf.

Für VR von besonderem Interesse ist dabei, dass grüne Vegetation genauso wie Wasser einen entspannenden Effekt hervorrufen, mit dem die Erholung von herausfordernden Aufgaben gesteigert wird. Grünraum hat einen Einfluss auf Gehirn und Körper via psychoendokrine Mechanismen, wobei die mit Stress verbundene HPA-Achse und somit der Regulation von Kortisol inkludiert ist.

Allerdings sind erholsame Ausflüge oftmals mit Zeitaufwand verbunden und schwierig umzusetzen, wenn zum Beispiel körperliche Beeinträchtigungen bestehen. Aus diesem Grund wird VR als Ersatz für in-vivo-Erfahrungen untersucht.

In einer Pilotstudie wird gezeigt, dass VR-Naturexpositionen die Stresserholung und die Aktivierung des parasympathischen Systems fördern. Die Effekte waren in der Gruppe gesunder Probanden am stärksten, wenn diese die Natur nicht nur visuell, sondern auch durch akustische Reize erlebten (Annerstedt et al. 2013).

Eine Studie untersuchte die subjektiv empfundene Entspannung wie auch die elektrodermale Aktivität und Herzratenvariabilität an 18 Probandinnen und Probanden. Die Versuchspersonen wurden durch Rechenaufgaben mental gestresst, bevor sie Naturerlebnissen via VR exponiert wurden. Dabei konnten sie sich die Naturkulissen, Traumstrand oder Irland, aussuchen. Die Arbeit zeigt, dass VR-Naturszenen vs. einer virtuellen Innenraum-Kontrollumgebung signifikant Relaxation herbeiführten, und zwar sowohl subjektiv wie auch physiologisch messbar. Die von den Probandinnen und Probanden selbst ausgewählte Naturkulisse war dabei am effektivsten (Anderson et al. 2017).

Stresssituationen begegnen uns auf vielfältige Weise. Im beruflichen Kontext lösen Meetings, Gespräche und Präsentationen häufig mentale Belastungen aus, die sowohl den subjektiv empfundenen wie auch den physiologisch messbaren Stresspegel erhöhen. Für Gesundheit wie Leistungsfähigkeit am Arbeitsplatz ist es daher wünschenswert, diesen Stress rasch und effektiv zu managen.

Naturerlebnisse rufen wirksame Entspannungsreaktionen hervor, allerdings sind entsprechende Erholungsphasen im Grünen oder am Wasser im Arbeitsalltag wenig praktikabel bis unmöglich. VR bietet hier pragmatische Möglichkeiten.

In zwei Kasuistiken wurde der Einfluss virtueller Naturexposition nach sozialem Stress untersucht – der sogenannten STRESS-Analyse (**STRESS** für **S**ensor **T**est von **R**elaxation und **E**rholung nach **s**ozialem **S**tress).

Beispiel

Zwei Probandinnen wurden im VR-Lab der Science City Itzling der Universität Salzburg am 11. März 2020 die physiologische Erholung nach sozialem Stress mittels VR-Naturkulissen der VR Coach GmbH bestimmt. Gemessen wurden Herzratenvariabilität und Puls mittels Sensoren der ABIOS GmbH. Eine Probandin war 30, die andere 50 Jahre alt.

Nach einer fünfminütigen Kalibrierungsphase im Laborumfeld wurden die beiden Probandinnen spontanen Selbstpräsentationen vor Publikum und damit einer sozialem Stresssituation ausgesetzt. Danach wurden Entspannungsreaktionen erfasst, und zwar entweder über einen VR-Sonnenaufgang (30-jährige Probandin) oder über 10 min ruhig sitzen im Labor („normaler Entspannung“) gefolgt von einer VR-Winterlandschaft (50-jährige Probandin). Die Verläufe von Herzratenvariabilität und Puls zeigen, dass VR innerhalb von zwei Minuten eine physiologische messbare Relaxation herbeiführen kann. Die Entspannung gemäß Herzratenvariabilität und Puls durch einfaches ruhig sitzen konnte mittels VR zusätzlich gesteigert werden. ◀

Die STRESS-Analyse weist darauf hin, dass VR-Naturkulissen rasch Entspannung induzieren können und deshalb zu einer effizienten Erholung von akuten Stresserlebnissen bei sozialen Interaktionen im beruflichen Kontext beitragen können. Die Entspannung, die ruhiges Sitzen verursacht, konnte dabei während der VR-Intervention nochmal gesteigert werden, wobei ein Effekt durch den längeren zeitlichen Verlauf der Erholungssituation nicht ausgeschlossen werden darf.

Ziel der STRESS-Analyse war es, den möglichen Einsatz von VR am Arbeitsplatz zu testen. Sie zeigt, dass VR-Interventionen sehr praktikabel ins Arbeitsumfeld integriert werden können. Aufgrund dieser Daten ist zu empfehlen, die Rolle von VR in der Stressprävention und zur Burnout-Prophylaxe systematisch in Form von Studien weitergehend zu untersuchen. Es bleibt auf Weiteres offen, die Effekte rascher Beruhigung auch im psychologisch-psychotherapeutischen Kontext zu überprüfen und in Rahmen von Studien zu ermitteln.

Ein mögliches Anwendungsgebiet von VR-induzierter Relaxation bzw. Exposition ergibt sich bei Kontrastierungsansätzen. Beim Kontrastieren wird ein negatives Bild einem positiven wiederholt gegenübergestellt, wobei der Anteil des negativen Bildes sukzessive gesenkt und jenes des positiven entsprechend erhöht wird. Die Wirksamkeit dieser Strategie erklärt sich durch neuroplastische Veränderungen, die durch den bifokalen Ansatz und die Gegenüberstellung evoziert werden. Die Kontrastierungsmethode gilt als eine wichtige Strategie im Rahmen wirksamer Veränderung – sowohl in Psychotherapie als auch im Coaching. Die Verwendung von VR-Programmen mit positiv empfundenen Kulissen könnten für Kontrastierungsansätze erwogen werden.

VR-Naturexpositionen eignen sich auch für einen Einsatz als reines Entspannungstraining in der Therapie. Das Erleben virtueller Realitäten könnte gerade auch von Nutzen sein, wenn der Patient im Grübeln ist oder die Augen nicht geschlossen halten kann. Mögliche Hindernisse stellen Angst vor Kontrollverlust dar, der mit dem Aufsetzen der VR-Brille oder dem Eintauchen in eine virtuelle Wirklichkeit einhergehen, sodass hier eine individuelle Entscheidungsfindung und behutsame Einführung sowie Begleitung sinnvoll sind.

Vorteile von Entspannung liegen nicht nur im Kontrastieren und im allgemeinen Stressabbau, sondern auch wenn es darum geht, kreative Prozesse und insbesondere Lösungsdenken in Gang zu setzen. Auch hier kann die Relaxation durch VR als positive Ablenkung oder Stimulierung ein Anwendungsfeld finden.

In diesem Zusammenhang werden restaurative Effekte diskutiert, die in einer Reduktion kognitiver Erschöpfung, herabgesetzter Stresslevel, erhöhtem Fokus, verbesserter Stimmung und einer verminderten sympathischen Reaktion münden.

Neben der Relaxation – einer subjektiv wahrgenommen und physiologisch messbaren Entspannung – soll hier der „soft fascination effect“, einer Mischung aus Aktivierung und Beruhigung beim Betrachten von Natur, zum Tragen kommen. Demnach kann Naturexposition eine Wirkung hervorrufen, die sowohl anregend und stimulierend wie auch entspannend und erholsam ist. Die Konzentration unter solchen Bedingungen wird als „mühelose Aufmerksamkeit“ beschrieben (Ohly et al. 2016).

Exekutivfunktionen im präfrontalen Kortex und insbesondere die Aufmerksamkeit erliegen Ermüdungserscheinungen. Die ART oder „attention restoration theory" beschreibt die Hypothese, dass die Fähigkeit zur Konzentration durch Naturexposition einem Regenerationsprozess unterzogen werden kann (Ohly et al. 2016).

Die Datenlage hierzu ist widersprüchlich, sodass der Regenerationseffekt auf die Konzentration als nicht ausreichend unterstützt betrachtet werden muss. Naturerfahrungen werden allerdings öfters auch mit Flow-Zuständen in Verbindung gebracht. Geprägt hat den Begriff „Flow" (englisch: fließen, strömen) der ungarisch-amerikanische Psychologieprofessor Mihály Csíkszentmihályi in den 1970er-Jahren. Damit beschreibt er das Glücksgefühl einer völligen Vertiefung und eines restlosen Aufgehens in ein Tun, das wie von selbst vor sich geht. Unter Flow ist es möglich, auch über einen längeren Zeitraum einen tiefen Fokus zu bewahren und sich gleichermaßen entspannt wie wach zu fühlen (Täuber und Obermaier 2019).

Nicht nur Naturerlebnisse können mittels VR simuliert werden, sondern auch andere Menschen und Tiere. So ist es möglich, eine Beziehung herzustellen, um beispielsweise der Einsamkeit zu entgehen oder sich an soziale Interaktionen zu gewöhnen und Ansprechangst oder Schüchternheit abzubauen.

Genauso können „virtual pets" eine positive Beziehung zu Tieren unterstützen oder als Mentor für Veränderungen bei Kindern eingesetzt werden, wenn es beispielsweise um eine gesündere Lebensweise durch Verzehr von Gemüse und Obst geht. Die Datenlage ist hierzu allerdings noch zu schwach (Ahn et al. 2016).

VR-Bilder von süßen Tierbabys können auf eine hohe Emotionalität setzen. Positiv kommen insbesondere Gesichter junger Hunde und Katzen zum Tragen. Welpen wie Katzenbabys weisen unter anderem in Kopfform und Gesichtszügen ein Kindchenschema auf, welches Bindung, Fürsorge und Vertrauen stimuliert.

Neurobiologisch geht das Kindchenschema mit erhöhter Oxytozinproduktion einher, ein Neuropeptid welches vorrangig im Nucleus paraventricularis des Gehirns induziert wird. Oxytozin kann unter anderem die Paarbindung stärken, das Vertrauen in Menschen aufbauen, Stress und Angst reduzieren, Aggressionen dämpfen und uns empathischer machen. Oxytozin inhibiert die Bildung des Stresshormons Kortisol, wodurch sich seine stressreduzierende Wirkkomponente erklären lässt. Durch Oxytozin wird in der Folge auch der Serotoninspiegel erhöht, wodurch sich Stimmung und Schlaf bessern, sowie die Neurogenese im Hippocampus angeregt.

Aus der Psychotherapie-Forschung ist bekannt, dass Oxytozin im Rahmen der therapeutischen Allianz eine sehr bedeutsame Rolle zukommt. Rasche Symptomlinderung psychischer Beschwerden steht in Zusammenhang mit der vertrauensvollen Beziehung zwischen Therapeutin und Klient. Die Förderung der Neurogenese ermöglicht es in ihrer Konsequenz, neue Ressourcen im Gehirn anzulegen (Täuber 2020).

VR könnte also durch oxytozinstimulierende Eindrücke von solchen positiven Bildern auf Entspannung, Beziehung und den Therapieerfolg einwirken. Ein praktischer Beweis für eine solche Anwendung durch VR steht allerdings noch aus.

4 Transformative Prozesse durch VR

VR-Erlebnisse können unmittelbar und nachhaltig Verhaltensänderungen fördern. In einer Case-Study im Dezember 2018 am Institut für mentale Erfolgsstrategien konnte gezeigt werden, dass eine VR-Intervention mit der Intention von Entspannung wirkungsvoll gegen das Rauchen eingesetzt werden kann.

Beispiel

Eine 38-jährige Angestellte aus Wien hat sich für einen PR-Bericht einer Fallstudie am Institut für mentale Erfolgsstrategien unterzogen. Nachdem sie eineinhalb Jahre rauchfrei war, ist die Probandin vor allem beim Fortgehen in Gesellschaft oder beim Heimkommen nach einem stressigen Arbeitstag versucht, bis zu einer halben Packung Zigaretten als „Entspannung" zu rauchen. Sie hat den Wunsch, mit dem Rauchen aufzuhören, da sie Rauchen als teuer, der Gesundheit abträglich, lästig und in ihrem Alltag einschränkend empfindet. Sie hat den Wunsch, mit dem Rauchen ganz aufzuhören.

Zwei rund 15 min. dauernde Einheiten mit der 360-Grad-Naturkulisse von der Küste Südnorwegens (VR Coach GmbH) hat die Probandin mittels Oculus GO 32 GB VR-Brille zur Entspannung genutzt (s. Abb. 1). Die Probandin hat durch Anleitung und dem Betrachten der felsigen Küste und dem Blick aufs Meer Südnorwegens das Empfinden von Freiheit und sauberer Luft beschrieben, wobei dieses einen starken sinnlichen Eindruck hinterließ.

Abb. 1 Screenshot aus dem Entspannungsprogramm. (© VR Coach GmbH)

Mittels „Wenn-Dann-Suggestionen" wurde sie unterrichtet, bei Verlangen nach Zigaretten an dieses starke Erlebnis und dem Gefühl von Freiheit und Stolz zu denken. Die junge Angestellte hat ihr Rauchverhalten überdacht, mit den Bildern geübt und den Zigarettenkonsum gänzlich gestoppt. ◀

Bei der positiven Verhaltensänderung der Probandin liegt das Phänomen des transformativen Lernens zugrunde, einem Perspektivenwechsel mit der Entwicklung eines neuen Bedeutungsschemas, das durch kritische Reflexion von Erfahrungen hervorgerufen wird und eine stabile Verhaltensänderung hervorruft. Für den Erfolg dieser VR-Intervention kann vermutet werden, dass tiefe Entspannung und das Gefühl von Freiheit Schlüsselfaktoren waren, die diesen erwünschten Veränderungsprozess eingeleitet haben. Die VR-Naturkulisse hat dabei sowohl die Relaxation als auch die Emotion unterstützt.

In einer Master Thesis, die Anfang 2021 erscheint, zeigen sich Hinweise, dass durch VR-Szenen transformatives Lernen in vielseitiger Form induziert werden kann. Die Arbeit kommt zum Ergebnis, dass VR ein Interventionsmedium darstellt, das insbesondere die Selbstwirksamkeit stärkt, weil Lernergebnisse sofort erfahrbar und ersichtlich sind (Benisch, in Vorbereitung).

In den untersuchten Fallstudien geschieht dies durch die Aufforderung, sich aktiv in den Prozess einzubringen, über das Malen in VR, wo Klientinnen ihr Schaffenspotenzial erfahren, während sie sich mit VR in einem geschützten Raum befinden, und weil sie sich selbst beim Gelingen einer Tätigkeit zusehen, so wie bei einem neunjährigen Mädchen mit Down-Syndrom, das so zur Eigenständigkeit motiviert wurde (Benisch, in Vorbereitung).

Die Schlussfolgerungen aus diesen Fallbeispielen gestatten, VR-Interventionen als Ressourcenstärkung in die Methodenwahl miteinzubeziehen. Insofern ergeben sich Anwendungsfelder im Bereich der klinischen Psychologie, Psychotherapie aber auch im Coaching und in der positiven Psychologie.

5 Mentale Erfolgsstrategien für VR aus Sicht der Hirnforschung

Im Rahmen von zwei Ausbildungslehrgängen 2019 mit klinischen Psychologinnen und Psychologen sowie Psychotherapeutinnen und Psychotherapeuten in Graz und Wien wurden strategische Ansätze in der Anwendung von VR entwickelt. Im Rahmen dieser Ausbildungen wurden VR-Programme durch 8k-Aufnahmen mit einer Insta 360°Pro Kamera erstellt.

Für Patienten mit Sozialphobie, die sich kaum unter Menschen wagen, wurde ein Programm in einem Park entwickelt. Dabei befindet man sich zuerst allein auf einer Parkbank. Nach und nach gesellen sich weitere Menschen (die Teilnehmenden) dazu und erhöhen so die Wahrnehmung menschlicher Nähe. Mittels Controller kann der Patient oder die Patientin die graduell-steigende Herausforderung jederzeit stoppen.

Die Themen Prüfungsängste und Sprechen vor Publikum sind ebenfalls häufige Gründe, warum eine Praxis der Teilnehmenden aufgesucht wird. Deshalb simulierte die Gruppe gleich selbst ein Seminarpublikum bzw. in weiterer Folge eine Prüfungskommission.

Alle drei Szenarien, Parkbank, Präsentation und Prüfung stehen den Patienten mittels einer Oculus-GO-32-GB-VR-Brille zur Verfügung. Die Absolvierenden können in einer durch die 360-Grad-Aufnahmen realistischen Atmosphäre lernen, mit diesen Situationen souverän und sicher umzugehen. Allerdings bietet dieser Zugang keine Interaktivität. Für die Phobiebehandlung sind interaktive Programme grundsätzlich den Videos als überlegen anzusehen.

Ergänzend wurden Zusatzinterventionen geübt, mit denen die VR-Programme kombiniert werden können. Zum Beispiel können Ressourcen wie Kraftorte, die durch eine VR-Anwendung aktiviert wurden, immer wieder aufgespürt und ausgebreitet werden. Oder es kommen Entspannungsszenen wie beruhigende Naturkulissen zum Einsatz, um einen Klienten oder eine Klientin im Kontext der VRET zu unterstützen.

Die Anwendung von VR ist nie als Stand-alone-Intervention zu sehen, sondern als Teil eines Methodenmix, der auch Gespräche und eine sehr aktive Involvierung des Therapeuten und der Therapeutin erfordert. Patienten werden mit stressauslösenden Reizen in VR-Szenarien konfrontiert, aber mittels VR auch in Entspannungszustände und zur Ressourcenaktivierung geführt.

Eine spezielle Herausforderung bei der Anwendung solcher Programme ist, dass manche Patienten die realistischen VR-Szenarien zu Beginn nicht tolerieren oder diese mit Ängsten oder Panik verbunden sind. Ein schrittweises Heranleiten des Patienten oder der Patientin ist empfehlenswert (Altenhofer und Täuber 2020):

Schritt 1 Der Klient oder die Klientin bleibt von den entsprechenden Situationen distanziert, während er/sie sich trotzdem leicht damit konfrontiert.

Auf Suchmaschinen können praktisch zu jedem beliebigen Thema Bilder und Videos gefunden werden. Hierzu kann man mit einem Laptop oder einem Tablet arbeiten. Bilder können aber auch ausgedruckt vorbereitet werden. Die Reaktion der meisten Klienten wird vermutlich sein, kein Problem mit dieser leichten Form der Konfrontation zu haben.

Schritt 2 Der Klient oder die Klientin bleibt von den entsprechenden Situationen noch immer distanziert. Aber bei diesem Schritt versuchen diese bei geschlossenen Augen in seiner Vorstellungskraft gewisse Orte aufzusuchen, bei denen die angstauslösenden Situationen nicht mehr weit weg sind. Zum Beispiel das Gebäude auf der anderen Straßenseite, in dem eine Prüfung stattfindet oder sich ein Aufzug befindet. Oder ein Fußballfeld, das man bald verlassen muss, in dem man durch einen engen Tunnel weiter vorgehen muss. Oder ein menschenleerer Park, den man bald Richtung Stadtzentrum verlassen wird.

Schritt 3 Jetzt versucht der Klient oder die Klientin erstmals eine leichtere Form der Assoziierung mit der angstauslösenden Situation durch die eigene Vorstellungskraft. Er bzw. sie betritt in Gedanken das Gebäude und steigt in den Aufzug ein. Er oder sie betritt den Raum und beginnt einen Vortrag oder begrüßt die Prüfungskommission. Oder verlässt imaginativ einen leeren Platz und sucht die Nähe anderer Menschen.

Schritt 4 Im vorletzten Schritt begibt sich der Klient oder die Klientin in eine starke Form der assoziierten Wahrnehmung durch das VR-Szenario. Bevor Schritt 4 möglich ist, bedarf es bei manchen Betroffenen mehrere Termine, in denen es um die Schritte 1–3 geht.

Schritt 5 Der Klient oder die Klientin begibt sich in der Realität in eine (ehemals) angstauslösende Situation. Je nach Feedback wird Schritt 4 mehrmals wiederholt.

Begleitend zu dieser langsamen Wahrnehmungssteigerung kann eine physische Entspannungsübung für den Klienten oder die Klientin unterstützend sein, sobald er oder sie über Anspannungssymptome berichtet oder diese auch ohne sein Feedback sichtbar werden. Erste Anwendungsberichte der Teilnehmenden mit ihren Patienten weisen auf Wirksamkeit und Akzeptanz dieser Strategie hin. Dieses VRET-Protokoll wurde an 360-Grad-Videos erprobt, ist aber ohne Adaption für computergenerierte Räume verwendbar.

Die Kombination von interaktiven CGI-Programmen als VRET mit Naturkulissen-Videos zur Relaxation ist in der therapeutischen Praxis möglich und abzuwägen. Ein Beispiel für den Einsatz der Relaxation ist, wenn der Erregungsgrad des Patienten oder Patientin hoch wird und dieser oder diese daher von einer kurze Entspannungseinheit profitiert, um abschließend wieder in das VRET-Programm zurückzukehren. Möglicherweise ermöglichen solche Entspannungseinheiten, dass rascher höhere Expositionsgrade toleriert und so die Effektivität der VRET erhöht werden können.

Von Vorteil aus Sicht der Praktikabilität in der Anwendung ist, wenn der Therapeut oder die Therapeutin während eines CGI-Phobieprogramms in der Steuerungssoftware zu einer Naturkulisse umschalten und dann wieder zur VRET zurückschalten kann, ohne dass der Patient bzw. die Patientin die VR-Brille abnehmen muss. Diese VR-Interventionen verbinden hohe Wirksamkeit mit praktikabler Anwendung und Patientenkomfort.

Die Inanspruchnahme von VR zur Therapie psychischer Störungen wird in den nächsten Jahren steigen. Eine internationale Studie zeigt, dass nur drei Prozent der 150 Teilnehmenden mit spezifischer Phobie eine Behandlung mithilfe VR ablehnen, während hingegen 27 % zu einer in-vivo-Exposition nicht bereit waren. Auch von Therapeutenseite werden VR-Expositionen im Vergleich zur Exposition in vivo als weniger aversiv betrachtet.

Insgesamt verbindet VR also vielfältige Einsatzmöglichkeiten mit Wirknachweis, einen effizienten Zugang zu Expositionen und hohe Akzeptanz aufseiten der Patienten. Weitere Studien wie auch Erfahrungen aus der Praxis und niederschwellige Angebote werden den Stellenwert von VR im psychologisch-psychotherapeutischen Kontext steigern.

Zusammenfassung

Psychologische und psychotherapeutische Anwendungen von VR stellen eine effektive und sinnvolle Erweiterung des methodischen Repertoires bei der Behandlung psychischer Störungen dar.

Mit VRET kann eine Habituierung auf belastende oder das Verhalten negativ beeinflussende Stimuli erfolgen, so zum Beispiel bei Phobien oder Süchten. Maßgeblich beteiligt ist hierbei die Desensitivierung der emotionalen Konditionierung in der Amygdala. Methode der Wahl sind CGI-Programme mit entsprechender Immersivität.

VR-Naturkulissen können zur Parasympathikus-Aktivierung und damit Relaxation eingesetzt werden, aber auch für Kontrastierungsstrategien, für transformatives Lernen und zur Ressourcenstärkung. Diese können auch in Form von 360-Grad-Videos eingesetzt werden. Sie stellen somit praktikable und niedrigschwellige Optionen für die Arbeit mit Patienten dar.

Die Kombination aus VRET mit CGI und Relaxation durch Videos ist sinnvoll, wobei technische Lösungen, die einen Wechsel innerhalb des Programms ermöglichen eine hohe Praktikabilität aufweisen.

Anwendungsbeispiele von VR und die Diskussion entsprechender mentaler Erfolgsstrategien schlagen eine Brücke von der neurobiologischen Theorie zur klinischen Praxis und zeigen, wie Therapeuten von VR-Interventionen profitieren können. Der Anspruch an eine sinnvolle Integration in das Methodenspektrum und die Gesprächstherapie sowie das Einleiten und Begleiten von Patienten untermauern den Stellenwert der fachlichen wie zwischenmenschlichen Kompetenz von Psychologen und Psychotherapeuten.

Literatur

Ahn, S. J., Johnsen, K., Moore, J., Brown, S., Biersmith, M., & Ball, C. (2016). Using virtual pets to increase fruit and vegetable consumption in children: A technology-assisted social cognitive theory approach. *Cyberpsychology, Behavior and Social Networking, 19*(2), 86–92. https://doi.org/10.1089/cyber.2015.0224

Altenhofer, M., & Täuber, M. (2020). Virtual-Reality-Exposition in der Behandlung von Phobien. *Verhaltenstherapie & Verhaltensmedizin, 41*(1), 48–54.

Anderson, A. P., Mayer, M. D., Fellows, A. M., Cowan, D. R., Hegel, M. T., & Buckey, J. C. (2017). Relaxation with immersive natural scenes presented using virtual reality. *Aerospace Medicine and Human Performance, 1;88*(6), 520–526 (doi: https://doi.org/10.3357/AMHP.4747.2017. PMID: 28539139).

Annerstedt, M., Jönsson, P., Wallergård, M., Johansson, G., Karlson, B., Grahn, P., Hansen, A. M., & Währborg, P. (2013). Inducing physiological stress recovery with sounds of nature in a virtual reality forest–results from a pilot study. *Physiology & Behavior, 13*(118), 240–250. https://doi.org/10.1016/j.physbeh.2013.05.023

Benisch, R. (in Vorbereitung) *Wandel in Echtzeit:Transformatives Lernen mittels Virtual Reality-Coaching. Manuskript in Vorbereitung*. Master Thesis Fachhochschule des BFI Wien GmbH.

Blackwell, S. E. (2019). Mental imagery: From basic research to clinical practice. *Journal of Psychotherapy Integration, 29*(3), 235–247. https://doi.org/10.1037/int0000108.

Egorov, A. I., Mudu, P., Braubach, M., & Martuzzi, M. (2016). Urban green spaces and health. Copenhagen: WHO Regional Office for Europe. https://www.euro.who.int/__data/assets/pdf_file/0005/321971/Urban-green-spaces-and-health-review-evidence.pdf. Zugegriffen: 15. Nov. 2020.

Holmes, E. A., & Mathews, A. (2010). Mental imagery in emotion and emotional disorders. *Clinical Psychology Review, 30,* 349–362. https://doi.org/10.1016/j.cpr.2010.01.001.

Ji, J. L., Heyes, S. B., MacLeod, C., & Holmes, E. A. (2016). Emotional mental imagery as simulation of reality: Fear and beyond-A tribute to Peter Lang. *Behavior Therapy, 47*(5), 702–719. https://doi.org/10.1016/j.beth.2015.11.004

Maples-Keller, J. L., Bunnell, B. E., Kim, S. J., & Rothbaum, B. O. (2017). The use of virtual reality technology in the treatment of anxiety and other psychiatric disorders. *Harvard Review of Psychiatry, 25*(3), 103–113. https://doi.org/10.1097/HRP.0000000000000138.

Mayer, J., & Hermann, H. D. (2015). *Mentales Training Grundlagen und Anwendung in Sport, Rehabilitation, Arbeit und Wirtschaft.* Springer-Verlag GmbH Heidelberg.

Ochsner, K. N., Ray, R. D., Cooper, J. C., Robertson, E. R., Chopra, S., Gabrieli, J. D., & Gross, J. J. (2004). For better or for worse: Neural systems supporting the cognitive down- and up-regulation of negative emotion. *NeuroImage, 23*(2), 483–499. https://doi.org/10.1016/j.neuroimage.2004.06.030.

Ohly, H., White, M. P., Wheeler, B. W., Bethel, A., Ukoumunne, O. C., Nikolaou, V., & Garside, R. (2016). Attention restoration theory: A systematic review of the attention restoration potential of exposure to natural environments. *Journal of Toxicology and Environmental Health. Part B, Critical Reviews, 19*(7), 305–343. https://doi.org/10.1080/10937404.2016.1196155.

Pearson, J., Naselaris, T., Holmes, E. A., & Kosslyn, S. M. (2015). Mental imagery: Functional mechanisms and clinical applications. *Trends in Cognitive Sciences, 19*(10), 590–602. https://doi.org/10.1016/j.tics.2015.08.003.

Täuber, M. (2020). *Gedanken als Medizin. Wie Sie mit Erkenntnissen der Hirnforschung die mentale Selbstheilung aktivieren.* Goldegg-Verlag Berlin-Wien.

Täuber, M., & Obermaier, P. (2019). *Das Prinzip der Mühelosigkeit. Warum manchen alles gelingt und andere immer kämpfen müssen.* Goldegg-Verlag Berlin-Wien.

Expositionstherapie in virtueller Realität: Wirksamkeit, Wirkmechanismen und Durchführung

Daniel Gromer und Paul Pauli

Die Virtual-Reality-Expositionstherapie (VRET) ist eine neue, innovative Möglichkeit zur Behandlung von Angststörungen und eine Alternative zu den sehr wirksamen, aber in der Praxis zu selten eingesetzten in-vivo-Expositionstechniken.

Die Angststörungen gehören mit einer Jahresprävalenz von ca. 16 % zu den häufigsten psychischen Störungen (Wittchen et al., 2011). Mit der Expositionstherapie gibt es zwar eine wirksame psychotherapeutische Behandlungsmethode (Carpenter et al., 2018), gleichwohl dauert es meist Jahre, bis Patienten mit einer Angststörung überhaupt behandelt werden (Mack et al., 2014). Außerdem muss man davon ausgehen, dass nur ein geringer Teil der Angstpatienten adäquat psychotherapeutisch behandelt wird, denn Expositionstherapien werden seltener als notwendig durchgeführt.

Die Expositionstherapie hat das Ziel, die Patienten anzuleiten und darauf vorzubereiten, sich den gefürchteten Reizen oder Situationen zu stellen (siehe Abschn. 4 „*Beschreibung der Durchführung einer VR-Expositionstherapie bei Höhenangst*“). Die Exposition bei der in-vivo-Therapie erfolgt hierbei mittels realer Reize oder Situationen, bei der VRET mittels virtueller Reize und Situationen. In beiden Fällen gehen der Exposition eine oder mehrere Einführungssitzungen voraus, und die Therapie endet mit einer oder mehreren

Interessenskonflikte: P. Pauli legt offen, dass er Teilhaber der VTplus GmbH ist, die VR-Systeme für Forschung und Therapie entwickelt und vertreibt. D. Gromer war in der Vergangenheit im Rahmen einer geringfügigen Beschäftigung für die VTplus GmbH tätig.

M. Täuber (✉) · P. Pauli
Lehrstuhl für Psychologie I, Universität Würzburg, Würzburg, Deutschland
E-Mail: daniel.gromer@uni-wuerzburg.de

P. Pauli
E-Mail: pauli@psychologie.uni-wuerzburg.de

M. Altenhofer et al., *Virtual-Reality-Therapie*, https://doi.org/10.1007/978-3-662-63457-8_2

Rückfallpräventionssitzungen. Die Patienten werden zudem angeleitet, das in der Therapie Erlernte auf ihren Alltag zu übertragen, sodass die Angst vor und die Vermeidung von angstauslösenden Reizen oder Situationen auch im Alltag abnimmt.

1 Vorteile der Expositionstherapie in virtueller Realität (VRET)

Die VRET hat gegenüber den traditionellen Behandlungsansätzen *in vivo* und *in sensu* die folgenden Vorteile:

- Die Akzeptanz der VRET ist sehr gut und die Hemmschwelle für die Durchführung der VRET ist gering. Bei Wahl zwischen VR oder in-vivo-Exposition wählten 81–93 % der Patienten die VRET (Garcia-Palacios et al., 2007; Rothbaum et al., 2000).
- Nur relativ wenige Patienten würden eine VR-Exposition verweigern: 3 % bei VRET vs. 27 % bei in-vivo-Exposition (Garcia-Palacios et al., 2007).
- Die Expositionssituationen sind in den Therapieräumen realisierbar und jederzeit wiederholbar.
- Während der Exposition ist eine zuverlässige Erfassung von verbalen (z. B. Angst- und Arousalratings), behavioralen (z. B. Kopf-, Blick- und Körperbewegungen bzw. Freezing) und physiologischen Komponenten (z. B. Herzrate, Schweißdrüsenaktivität, Muskelanspannung) der Angstreaktion sowie deren Veränderung möglich. Die angestrebte Angstreduzierung innerhalb und zwischen den Expositionssitzungen ist somit auf den drei Verhaltensebenen (Lang, 1979) quantifizierbar.
- Die Expositionssituationen sind vom Therapeuten vollständig kontrollierbar, es besteht kein Risiko hinsichtlich Fehlern in der Durchführung oder unerwarteten Ereignissen (z. B. gefährliches Fahrverhalten mit dem Auto, unerwartetes Menschengedränge, übertriebene gefährliche Exposition in der Höhe etc.).
- Die Expositionsübungen können zeit- und personaleffektiv in die Behandlung integriert werden (z. B. keine zeitaufwendige Vorbereitung, schneller Wechsel zwischen Expositionssituationen, keine Absprache mit anderen Personen notwendig etc.).
- Die Nutzung von VR erlaubt patientenspezifische Veränderungen von Expositionsmerkmalen (z. B. Art und Größe der Spinne, Geschlecht des Konversationspartners etc.) und/oder die Realisierbarkeit nicht willkürlich herstellbarer Expositionssituationen (z. B. Turbulenzen oder Gewitter während eines Fluges, Dunkelheit, spezifische Geräusche etc.).
- Die Nutzung von VR eröffnet neue Forschungsperspektiven über psychotherapeutische Prozesse, da spezifische Veränderungen der Expositionssituationen und Kombinationen mit anderen Aufgaben möglich sind.
- Bei der Nutzung von VRET in der therapeutischen Praxis sind gleichzeitig die folgenden kritischen Punkte zu bedenken:
- Die Nutzung von VR kann bei bis zu 10 % der Nutzer eine sogenannte Simulatorübelkeit auslösen. Betroffen sind vorwiegend Personen, die generell schnell unter

Reisekrankheit leiden, also sensibel auf Auto-, Karussell- oder Seefahrten reagieren. Die Auftretenswahrscheinlichkeit steigt außerdem bei VR-Szenarien, die schnelle Bewegungen simulieren oder erfordern. Die Simulatorübelkeit entsteht wahrscheinlich wie die Reisekrankheit durch eine Inkongruenz zwischen eingehender visueller und vestibulärer Information. Durch Vorabübungen in VR und/oder eine Auswahl von VR-Szenarien mit wenig Bewegungssimulationen kann diese unerwünschte Nebenwirkung minimiert werden.

- VR-Erfahrungen und -Erlebnisse können wie reale Erfahrungen und Erlebnisse auch Krankheitssymptome verschlechtern und auch traumatisierend wirken. Wichtig ist, sich zu vergegenwärtigen, dass virtuelle Erfahrungen auf der einen Seite angstreduzierend wirken können, auf der anderen Seite aber auch angstinduzierend sein können oder andere nicht erwünschte Emotionen auslösen können. Daher müssen wie bei der in-vivo-Exposition auch alle notwendigen Vorkehrungen getroffen werden, dass keine unerwünschten Erfahrungen möglich sind.
- Die für die VRET notwendige Hard- und Software bedarf einer anfänglichen Investition, und die gesetzlich vorgeschriebenen sicherheitstechnischen Kontrollen sind mit weiteren Kosten verbunden. Die Kosten für die Hardware haben in den letzten Jahren deutlich abgenommen, und mittlerweile sind auch anwendungsfreundliche Komplettsysteme erhältlich. Bei einer Anschaffung ist zu beachten, dass VR-Systeme für die Expositionstherapie wie alle Apparate, Geräte oder Software, welche einen medizinischen Zweck wie die Behandlung oder Linderung von Krankheiten erfüllen, den Verordnungen über Medizinprodukte unterliegen. Betreiber und Behandler unterliegen den jeweils national gültigen Verordnungen zum Betreiben von Medizinprodukten, und VR-Systeme für VRET sollten daher über eine entsprechende EG-Konformitätserklärung und CE-Kennzeichnung verfügen[1].

2 Wirksamkeit der Expositionstherapie in virtueller Realität

Die Wirksamkeit der kognitiven Verhaltenstherapie zur Behandlung von Angststörungen ist durch viele vorliegende Studien belegt (Hofmann et al., 2012). Eine kürzlich durchgeführte umfassende Metaanalyse ergab, dass Expositionstherapien bei Angststörungen wahrscheinlich effektiver sind (Hedges' $g = 0.78$) als Behandlungen, die sowohl kognitive als auch Expositionstechniken (Hedges' $g = 0.53$) oder nur kognitive Techniken (Hedges' $g = 0.38$; Carpenter et al., 2018) beinhalten.

[1] Siehe Verordnung über Medizinprodukte auf dem Portal des Amts für Veröffentlichungen der Europäischen Union (EUR-Lex; http://eur-lex.europa.eu/legal-content/DE/TXT/?uri=uriserv:OJ.L_.2017.117.01.0001.01.DEU) oder Veröffentlichung des Bundesinstituts für Arzneimittel und Medizinprodukte (https://www.bfarm.de/DE/Medizinprodukte/_node.html).

Die Wirksamkeit von VRET bei Angststörungen wurde seit der ersten Studie von Rothbaum et al. (1995) durch Vergleiche mit einer Kontrollbedingung, z. B. eine Wartelistengruppe, sowie aktiven Behandlungsgruppen wie in-vivo-Expositionsbehandlungen untersucht. Die frühen Studien haben sich dabei auf spezifische Phobien konzentriert (Emmelkamp et al., 2002; Mühlberger et al., 2001; Rothbaum et al. 2000), vermutlich, weil hier passende virtuelle Expositionsszenarien relativ einfach herstellbar waren. Spätere Studien haben auch die Wirksamkeit von VRET für andere angstbezogene Störungen untersucht, darunter die soziale Angststörung (SAD; Anderson et al., 2013; Bouchard et al., 2017), die generalisierte Angststörung (GAD; Pallavicini et al., 2009), die Panikstörung mit Agoraphobie (PD; Malbos et al., 2012; Pelissolo et al., 2012) und die posttraumatische Belastungsstörung (PTSD; Difede et al.,2007; McLay et al., 2011).

Um die Wirksamkeit der VRET zuverlässiger abzuschätzen, wurden in einem nächsten Schritt Metaanalysen durchgeführt. Beispielsweise fand eine Metaanalyse, die nur gut kontrollierte Studien einschloss, eine große Effektstärke für VRET im Vergleich mit Kontrollbedingungen (Cohen's $d = 1.11$, Powers & Emmelkamp, 2008). Ähnliche Ergebnisse wurden in Metaanalysen zu VRET für SAD (Chesham et al., 2018), Flugangst (Cardos et al., 2017), über Angststörungen hinweg (Opriş et al., 2012) oder für Angst- und Depressionssymptome für verschiedene Störungen berichtet (Fodor et al., 2018). Auch die Metaanalyse von Carl et al., (2019), die nur randomisierte und kontrollierte Studien einschloss, fand große Effektstärken für VRET bei spezifischen Phobien, SAD, PTSD und PD.

Unsere umfassende Metaanalyse (Curtiss et al., submitted) hat kontrollierte und unkontrollierte Studien eingeschlossen. Durch zusätzliche Moderatoranalysen wurde geprüft, ob Patientencharakteristika (z. B. demografische Daten, spezifische Angstdiagnose etc.) und VR-Immersionsparameter die Wirksamkeit der Behandlung beeinflussen. Die Literatursuche erbrachte insgesamt 74 Studien zur VRET bei Angststörungen, davon 40 kontrollierte Studien, die VRET in sechs Fällen mit einer Wartelistenkontrollgruppe verglichen haben und in 34 Fällen mit einer aktiven Kontrollgruppe (von diesen verglichen 21 Studien die VRET mit der klassischen Expositionstherapie). Die in diesen Studien insgesamt untersuchten 1979 Patienten waren im Schnitt 37 Jahre alt und zu 60 % weiblich, die Therapiedauer variierte von einer bis zu 20 Sitzungen.

Diese Metaanalyse ergab Effektgrößen von Hedges' $g = 1.27$ innerhalb der VRET-Therapiegruppen und von Hedges' $g = 0.31$ zwischen den Therapiegruppen. Diese Ergebnisse entsprechen größtenteils früheren Metaanalysen und bestätigen die sehr gute Wirksamkeit der VRET und die Überlegenheit gegenüber Kontrollbedingungen, auch – zumindest in der Tendenz – gegenüber aktiven Kontrollgruppen (Hedges' $g = 0.20$).

Die Moderatoranalysen ergaben Anhaltspunkte, dass VRET umso wirksamer ist, je jünger die Patienten sind, wohingegen Geschlecht, Alter, Behandlungsdauer und das Publikationsjahr der Studien die Wirksamkeit nicht beeinflusst haben. Als weiteren relevanten Moderator hinsichtlich der Diagnose der Patienten zeigte sich, dass VRET bei Patienten mit generalisierter Angststörung weniger wirksam ist. Hinsichtlich der verwendeten VR-Methode ergab die Analyse keine Moderatoreffekte. Diese Befunde könnten darauf zurückzuführen sein, dass jüngere Patienten aktuell für diesen technologiebasierten Therapieansatz eher aufgeschlossen sind und dass die für Patienten mit GAD relevanten Angstreize in VR nicht gut realisiert werden können. Gleichzeitig sind die nicht signifikanten Befunde aber mit Vorsicht zu interpretieren, da evtl. noch zu wenige Daten für klare Aussagen vorliegen. Insbesondere müssen weitere Studien und eventuell direkte Vergleiche klären, ob und wie die verwendete VR-Technologie die Wirksamkeit der Therapie beeinflusst. Außerdem basieren die Schlussfolgerungen über die VRET-Wirksamkeit für die unterschiedlichen Angststörungen über eine unterschiedlich gute Datenlage, so gibt es relativ viele Studien zu spezifischen Phobien und relativ wenige zu GAD. Hier besteht somit weiterer Forschungsbedarf. Schließlich brauchen wir noch Multizentrumsstudien, die die Wirksamkeit und Praktikabilität der VRET in der Praxis belegen.

Für die Bewertung der Wirksamkeit der VRET ist natürlich entscheidend, ob die Therapieeffekte auch in die Realität übertragen werden können. Auch hierzu gibt es eine Metaanalyse (Morina et al., 2015), die speziell Studien zusammengefasst hat, die die Übertragung des Therapieerfolgs in die Realität überprüft haben. Dazu gehören Therapiestudien, in denen Patienten mit Aviophobie nach einer VRET mit virtuellen Flügen einen realen Flug absolvieren sollten, Patienten mit Arachnophobie nach der Exposition mit virtuellen Spinnen eine echte Spinne auf die Hand nehmen sollten oder Patienten mit einer Akrophobie nach einer virtuellen Höhenexposition eine reale Höhensituation bewältigen sollten. Auch hier waren die Befunde mit Effektstärken von Hedges‘ $g > 1.2$ überzeugend. Die Patienten können nach einer VRET diese realen Situationen sehr gut bewältigen und die positiven Therapieeffekte halten auch bis zu den realisierten Nachuntersuchungszeitpunkten an.

3 Theorien und Wirkmechanismen der Expositionstherapie

Obwohl die Wirksamkeit der Expositionstherapie zur Behandlung von Angststörungen sowohl in virtueller Realität als auch *in vivo,* in einer Vielzahl von Studien nachgewiesen werden konnte, sind die zugrunde liegenden Wirkmechanismen bislang nur unzureichend verstanden (Cooper et al., 2017; Teismann & Margraf, 2018). Im Folgenden werden zunächst zwei einflussreiche Theorien beschrieben, welche versuchen, die Wirkweise der Expositionstherapie zu erklären. Anschließend werden die daraus abgeleiteten Empfehlungen für die Durchführung der Expositionstherapie vorgestellt und das beschriebene Vorgehen wissenschaftlich evaluiert.

Nach der *Emotional Processing Theory* (Foa & Kozak, 1986; Foa & McNally, 1996; Foa et al., 2006) ist pathologische Furcht in einem kognitiven Netzwerk repräsentiert. Dieses Netzwerk beinhaltet Informationen zu Furchtauslösern (z. B. Balkone, Gittertreppen), zu Furchtreaktionen (z. B. Schwitzen, Schwindel, Herzrasen, sich festhalten, weglaufen) und zur Bedeutung von Furchtauslösern (z. B. „Höhen sind gefährlich, da ich herunterfallen könnte!“) und Furchtreaktionen („Wenn mir schwindelig ist, kann ich nicht sicher stehen!“). Zur erfolgreichen Behandlung von Phobien müssen nach dieser Theorie zwei Bedingungen erfüllt sein: Zunächst muss das Furchtnetzwerk aktiviert werden, beispielsweise durch Konfrontation mit einer Höhensituation. Anschließend müssen Informationen gesammelt werden, welche inkompatibel mit den Informationen des Furchtnetzwerks sind (z. B. die Erfahrung nicht herunterzufallen). Foa und Kozak (1986) schlugen im Zuge ihrer Theorie drei Indikatoren vor, welche eine erfolgreiche Expositionstherapie anzeigen.

1. Die *Furchtaktivierung* im Sinne einer starken Furchtreaktion während der Exposition, erfasst über subjektiven Bericht oder physiologische Maße, deutet darauf hin, dass das Furchtnetzwerk aktiviert ist.
2. Der Rückgang der Furchtreaktion innerhalb einer Expositionssitzung *(Habituation innerhalb einer Sitzung)* zeigt an, wie viel inkompatible Information innerhalb einer Sitzung gesammelt wurde.
3. Der Rückgang der maximalen Furchtreaktion über Sitzungen hinweg *(Habituation über Sitzungen)* ist ein Indikator für die Veränderung der Gefahrenassoziationen innerhalb des Netzwerks.

Basierend auf diesen Annahmen wurde in Therapiemanualen für Expositionssitzungen die Empfehlung abgeleitet, diese erst dann zu beenden, wenn die Angst erheblich nachgelassen hat. So empfiehlt beispielsweise Hamm (2006), dass die „direkte Reizkonfrontation … erst dann beendet [werden soll], wenn das Angst- bzw. Furchtniveau auf mindestens 50 % des höchsten Niveaus abgesunken oder die Furcht ganz verschwunden ist." (Hamm, 2006, S. 36; Ergänzung der Autoren; s. auch Maples-Keller und Rauch, 2020). Trotz der weiten Verbreitung dieses Vorgehens fehlt bislang die wissenschaftliche Evidenz für die Annahme, dass eine Habituation der Angstreaktion eine notwendige oder hinreichende Bedingung für eine erfolgreiche Therapie darstellt (Rupp et al., 2017). So fanden auch Craske et al. (2008) in einer Übersichtsarbeit nur geringe Evidenz für die Annahme, dass der Rückgang der Angst innerhalb einer Sitzung den Therapieerfolg vorhersagt. Ausgehend von ihrer Kritik an der Emotional Processing Theory entwickelten Craske und Kollegen daher ein alternatives Modell zur Vorhersage der Wirkweise der Expositionstherapie.

Das *Modell des Inhibitionslernens* (Craske et al., 2008, 2014) beruht auf der Annahme, dass pathologische Furcht im Gedächtnis in Form von Reiz-Bedrohungs-Assoziationen gespeichert ist (z. B. Balkon → herunterfallen). Weiter nimmt das Modell an, dass die Grundlage einer erfolgreichen Therapie z. B. von Phobien in der Bildung neuer Assoziationen in der Form „Reiz – keine Bedrohung" (z. B. Balkon → sicher stehen) besteht. Sind diese neuen, inhibitorischen Assoziationen gebildet, können sie die Reiz-Bedrohungs-Assoziationen hemmen und dadurch die Furchtreaktionen unterbinden. Therapeutische Expositionen sollten demnach besonders dann erfolgreich sein, wenn sie optimale Bedingungen für die Bildung neuer inhibitorischer Assoziationen schaffen und diese Assoziationen nach der Therapie wiederum möglichst gut aus dem Gedächtnis abgerufen werden können (Weisman & Rodebaugh, 2018). Als zentraler Mechanismus für die Bildung inhibitorischer Assoziationen wird die auf klassischen Lerntheorien basierende Widerlegung von Erwartungen angenommen (Rescorla & Wagner, 1972). Bei Höhenangst könnte eine solche *Befürchtungswiderlegung* die Erfahrung sein, von einer Leiter nicht herunterzufallen. Basierend auf den Annahmen des Modells des Inhibitionslernens ist das primäre Ziel von Expositionsübungen daher nicht, dass die Angst innerhalb einer Sitzung abnimmt, sondern dass Befürchtungen gezielt überprüft und widerlegt werden können. Dieser neue Ansatz findet sich auch in aktuellen Therapiemanualen wieder (Abramowitz et al., 2019).

Da es bislang allerdings kaum systematische Vergleiche zwischen den aus den beiden Theorien abgeleiteten Therapieempfehlungen gibt, soll im Folgenden zunächst die Durchführung einer VR-Expositionstherapie mit Berücksichtigung beider Ansätze vorgestellt werden. Anschließend wird eine Studie beschrieben, in welcher die beiden Ansätze miteinander verglichen wurden.

4 Beschreibung der Durchführung einer VR-Expositionstherapie bei Höhenangst

Diese Behandlung wurde bei echten Patienten im Rahmen einer Studie an der Universität Würzburg durchgeführt.

4.1 Verhaltensanalyse

Zu Beginn einer Expositionstherapie empfiehlt es sich, gemeinsam mit den Patienten eine ausführliche Verhaltensanalyse durchzuführen, um wichtige Informationen für die anstehenden therapeutischen Expositionen zu sammeln (Teismann & Margraf, 2018). Hierzu bietet sich das Schema des SORK-Modells an (Abbruzzese & Kübler, 2013), welches in Tab. 2.1 beispielhaft für einen Patienten mit Höhenangst dargestellt ist. Über die S-Variable werden Situationen und Stimuli identifiziert, welche die Höhenangst auslösen. Für die Expositionen kann daraus abgeleitet werden, welche Situationen möglicherweise relevant für die späteren Übungen sind. Auf der kognitiven Reaktionsebene ($R_{kognitiv}$) können dysfunktionale Überzeugungen bezüglich der Gefährlichkeit von Höhensituationen und von Angstreaktionen identifiziert werden, welche in den Expositionsübungen gezielt überprüft werden können. Werden die Expositionen im Sinne einer Habituation der Angstreaktion durchgeführt, geben die emotionale ($R_{emotional}$) und physiologische ($R_{physiologisch}$) Reaktionsebene Aufschluss über die Empfindungen und Erfahrungen, welche während der Exposition fokussiert und beobachtet werden können.

Tab. 2.1 SORK-Schema für einen Patienten mit Höhenangst von Daniel Gromer, CC BY 4.0

Stimulus	Organismus	Reaktion	Konsequenz
S_{extern}: Balkon, Trittleiter, Aussichtsturm, Riesenrad, Gittertreppe	*O:* Modelllernen durch ängstliches Verhalten des Vaters in Höhensituationen	$R_{kognitiv}$: „Ich könnte herunterfallen und sterben!“, „Meine Angst steigt ins Unermessliche!“ $R_{emotional}$: Angst, Unruhe $R_{physiologisch}$: Herzrasen, Schwindel, Zittern $R_{motorisch}$: Sich an etwas festhalten; auf das Smartphone schauen; die Situation verlassen	*Kurzfristig:* *-C-:* Angst lässt nach und Befürchtungen treten nicht ein *Langfristig:* *C-:* Angst und Vermeidungsverhalten bleiben bestehen bzw. nehmen zu

Auf der motorischen Reaktionsebene ($R_{motorisch}$) werden Vermeidungs-, Flucht-, und Sicherheitsverhaltensweisen identifiziert, welche zum einen die Angst langfristig aufrechterhalten und zum anderen korrigierende Erfahrungen während der Expositionen verhindern können. Das Erarbeiten der kurz- und langfristigen Konsequenzen der Vermeidungs-, Flucht- und Sicherheitsverhaltensweisen dient der Verdeutlichung, dass diese zwar kurzfristig hilfreich sind, aber langfristig dazu beitragen, dass die Höhenangst bestehen bleibt (Tab. 2.1).

4.2 Psychoedukation

Die Psychoedukation dient der Informationsvermittlung bezüglich der Angst des Patienten, insbesondere der Entstehung und der Aufrechterhaltung. Zusätzlich wird in dieser Phase der Therapie gemeinsam mit dem Patienten das Expositionsrational entwickelt.

In einem ersten Schritt bietet es sich an, zu erarbeiten was (nichtpathologische) Angst ist und welche Funktionen diese erfüllt. Wichtige Eckpunkte sind hierbei die auslösenden Bedingungen (Wahrnehmung von Bedrohung), die mit Angst einhergehenden körperlichen Reaktionen (z. B. Muskelanspannung, Schwitzen, Herzrasen) und die Bedeutung von Angst als ein Schutzmechanismus des Körpers, um auf drohende Gefahren zu reagieren. Diese Informationen dienen einer ersten Entpathologisierung der Höhenangst: Angstreaktionen an sich sind nicht dysfunktional, sondern können uns vor Gefahren schützen. Problematisch bzw. dysfunktional kann Angst dann werden, wenn sie intensiv und/oder langanhaltend in Situationen mit geringer Gefährlichkeit auftritt. Die Diskussion der Funktionalität von Angst ist zudem wichtig, um die Zielvorstellungen der Therapie zu klären. Viele Patienten wünschen sich, dass die Angst vollständig verschwindet. Es sollte früh darauf hingearbeitet werden, dass Angst weiterhin als Schutzmechanismus des Körpers benötigt wird. Geeignetere Zielsetzungen beinhalten das erfolgreiche Bewältigen von vormals vermiedenen Situationen (Hood & Antony, 2012).

Bezüglich der Ursachen der Höhenangst bietet es sich an, die Patienten zunächst frei berichten zu lassen, wie sie die Entstehung ihrer Angst erlebt haben. Anschließend kann diese Information um bekannte Entstehungsmodelle spezifischer Phobien ergänzt werden. Rachman (1977, 1991) diskutiert drei Wege der Entstehung spezifischer Phobien: klassische Konditionierung (z. B. Verletzung durch einen Sturz), Lernen durch verbale Information (z. B. Eltern bezeichnen Höhensituationen als übermäßig gefährlich) und Modelllernen (z. B. Vater zeigt Angst in Höhensituationen oder vermeidet diese). Speziell bei Höhenangst wird darüber hinaus in der Literatur die sogenannte nichtassoziative Entstehung diskutiert (Menzies & Clarke, 1993). Nach diesem Modell ist Höhenangst eine bei allen Menschen angeborene, evolutionär funktionale Angst. Im Laufe des Lebens nimmt diese bei den meisten Personen allerdings in der Intensität ab, da in Höhensituationen korrigierende Erfahrungen gesammelt werden. Langfristig kann die Höhenangst nach dem nichtassoziativen Modell dann bestehen bleiben, wenn

Personen nicht ausreichend korrigierende Erfahrungen in Höhensituationen sammeln. Um die Relevanz solcher korrigierender Lernerfahrungen weiter zu vertiefen, sollte im nächsten Schritt gemeinsam mit dem Patienten ein Aufrechterhaltungsmodell der Höhenangst erarbeitet werden.

In der Literatur finden sich verschiedene Modelle, mit welchen sich die Aufrechterhaltung spezifischer Phobien verdeutlichen lässt (z. B. Zwei-Faktoren-Modell nach Mowrer, 1939; kognitiv-verhaltenstherapeutisches Aufrechterhaltungsmodell nach Abramowitz et al., 2019). In der Arbeit mit Patienten hat sich insbesondere das vereinfachte Teufelskreismodell bewährt (Abb. 2.1). Nach diesem Modell löst eine Höhensituation eine Gefahrenwahrnehmung aus (z. B. Angst vor dem Herunterfallen), welche wiederum die emotionalen und physiologischen Angstreaktionen hervorruft. Um der Angst und der Gefahr zu entkommen, setzen Personen mit Höhenangst häufig Vermeidungs-, Flucht- und Sicherheitsverhaltensweisen ein. Unter letzteren werden Verhaltensweisen wie das Festhalten an einem Geländer oder das Aufsuchen von Höhensituationen nur in Begleitung einer vertrauten Person verstanden. Diese Verhaltensweisen reduzieren zwar kurzfristig die unangenehmen emotionalen Reaktionen, halten aber langfristig die Angst aufrecht. Erfolgreiche Vermeidung oder Flucht bzw. der Einsatz von Sicherheitsverhalten signalisiert sogar, dass die Gefahr nur aufgrund dieser Strategien abgewendet werden konnte. Zur Entwicklung des Expositionsrationals ist es daher notwendig, dass Patienten die Rolle von Vermeidung, Flucht, und Sicherheitsverhalten für die Aufrechterhaltung ihrer Höhenangst erkennen. Nur wenn der Patient erkennt und beschließt, dass es sinnvoll ist, diese Verhaltensweisen aufzugeben, sollten therapeutische Expositionen geplant werden.

Basierend auf dem Teufelskreismodell lässt sich anschließend auch das Vorgehen in Expositionsübungen und deren Ziel erarbeiten. Im Folgenden wird dies getrennt für das Habituationsrational und die Befürchtungswiderlegung vorgestellt.

Für die Entwicklung des *Habituationsrationals* lässt sich ausgehend vom Teufelskreismodell die Frage stellen, wie sich die Angst verändern könnte, wenn Patienten auf

Abb. 2.1 Teufelskreis der Angst. (adaptiert nach Bouchard et al., 2012)

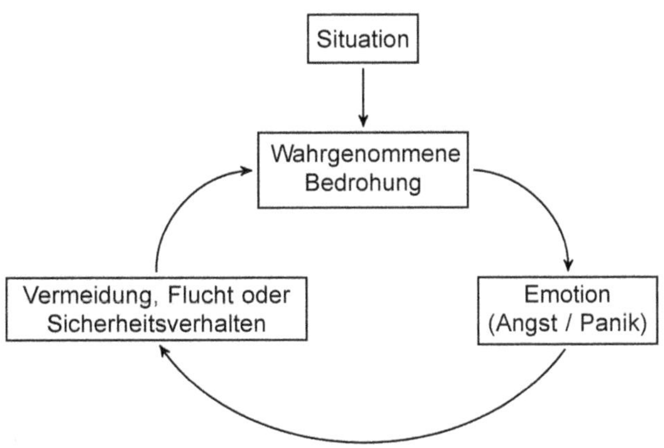

jegliche Sicherheitsstrategien verzichten. Häufige Antworten von Patienten beinhalten das Ansteigen der Angst bis ins Unermessliche oder ein kontinuierliches Vorhandenbleiben der Angst. Gemeinsam mit dem Patienten kann nun eine dritte Möglichkeit erarbeitet werden: der automatische Rückgang der Angstreaktion aufgrund von Ermüdung des Körpers und der Erfahrung, dass die befürchtete Konsequenz nicht eintritt (Abb. 2.2 oben). Ziel der Expositionsübungen ist es also, Möglichkeiten für die Erfahrung zu schaffen, dass Angst habituiert, also von alleine zurückgeht. Dazu ist es notwendig, angstauslösende Situationen aufzusuchen und so lange in diesen Situationen zu verbleiben, bis das Angstniveau habituiert. Wichtig ist die Betonung eines *automatischen* Angstrückgangs, welcher nur dann erfolgen kann, wenn auf Flucht- und Sicherheitsverhalten verzichtet wird (Maples-Keller & Rauch, 2020).

Die Entwicklung des Expositionsrationals mit *Befürchtungswiderlegung* setzt im Teufelskreismodell an der wahrgenommenen Bedrohung in Höhensituationen an. Angst tritt in solchen Situationen nur deshalb auf, weil diese als übermäßig gefährlich eingeschätzt werden. Ziel der Therapie ist es deshalb, die Bedrohungserwartungen zu überprüfen und zu widerlegen. Erfolgreiches Widerlegen der gefürchteten Konsequenzen

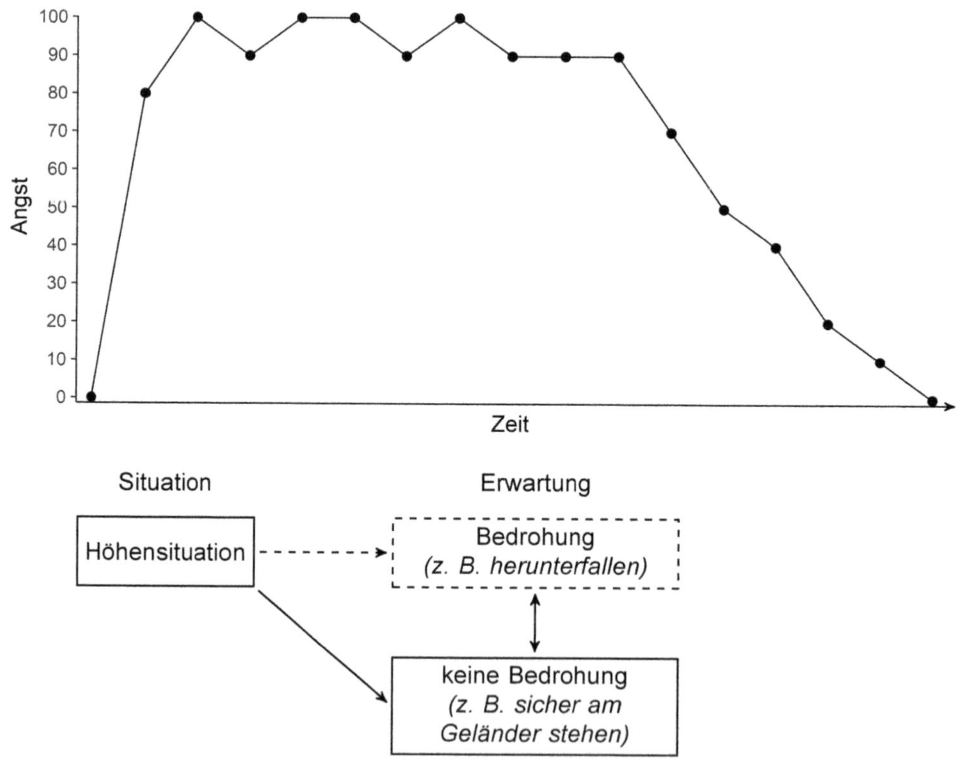

Abb. 2.2 Natürlicher Rückgang der Angst nach dem Habituationsrational (oben). Entstehung neuer Assoziationen nach dem Vorgehen mit Befürchtungswiderlegung (unten)

(z. B. herunterfallen) führt zur Bildung von neuen Assoziationen, welche die Höhensituationen mit weniger bzw. keiner Bedrohung in Zusammenhang bringen (Sicherheitslernen) und zukünftig aktiv die Bedrohungserwartung hemmen (Abb. 2.2 unten). Für die Expositionsübungen ist es daher notwendig, Situationen herzustellen, welche die Befürchtungen aktivieren, sodass diese gezielt überprüft werden können. Wichtig ist auch hier der Verzicht auf Flucht- und Sicherheitsverhalten, da das Nichteintreten der Befürchtung ansonsten die Bedrohungserwartung nicht widerlegt.

Unabhängig vom angewendeten Expositionsrational ist es wichtig, dass das beschriebene Vorgehen für Patienten nachvollziehbar ist und diese eine eigenständige Bereitschaft für die Exposition mit den angstauslösenden Situationen entwickeln. Erst wenn der Patient bereit und motiviert ist, mittels Exposition neue, korrigierende Erfahrungen zu sammeln, können im nächsten Schritt die Übungen geplant und vorbereitet werden.

4.3 Vorbereitung und Durchführung der Expositionen

Zur Vorbereitung der eigentlichen Expositionen ist es zunächst notwendig, sich entweder für ein *graduiertes* oder *massiertes* Vorgehen zu entscheiden. Bei graduiertem Vorgehen beginnt die Exposition mit Situationen mittlerer Schwierigkeit. Werden diese Situationen erfolgreich bewältigt, wird die Exposition mit Situationen höherer Schwierigkeit fortgesetzt. Bei massiertem Vorgehen beginnt die Exposition direkt mit der schwierigsten Situation, was Vorteile bezüglich des Zeitaufwandes und des Ausmaßes an möglicher korrigierender Erfahrung innerhalb einer Expositionsübung bietet. Auf Basis der in der Verhaltensanalyse identifizierten angstauslösenden Situationen bzw. der im VR-Therapieprogramm vorhandenen Möglichkeiten sollte dann eine für die geplante Übung passende Situation ausgewählt werden.

Beim Vorgehen nach dem Habituationsrational wird der Patient vor der Übung daran erinnert, dass die Aufgabe während der Übung darin besteht, den Aufmerksamkeitsfokus auf die Angstsymptome und deren Rückgang zu legen. Ist die Situation in virtueller Realität hergestellt, verbleibt der Patient so lange in der Übung, bis das Angstniveau deutlich nachlässt, d. h. der automatische Rückgang der Angst beobachtet werden konnte. Löst die VR-Umgebung keine oder nur geringe Angst aus, wird der Schwierigkeitsgrad so lange erhöht, bis eine Angstreaktion auftritt. Während der Übungen bietet es sich an, das Angstniveau kontinuierlich zu überwachen, beispielsweise durch Bewertung seitens des Patienten auf einer Skala von 0–100.

Werden die Expositionsübungen auf Basis der Befürchtungswiderlegung durchgeführt, müssen zunächst die zu überprüfenden Befürchtungen ausgewählt werden. Im nächsten Schritt muss definiert werden, wie eine Widerlegung der Befürchtung aussehen würde (z. B. sicher auf der Stelle stehen können trotz starker Schwindelgefühle). In der Expositionsübung müssen dann Situationen aufgesucht werden, welche die Befürchtung aktivieren, mit dem Ziel, so lange in der Situation zu bleiben, bis die Befürchtung überprüft werden konnte. Craske et al., (2014) empfehlen, dass die Aufmerksamkeit der Patienten während der Übung auf die Situation und das Nichteintreten der Befürchtung gelenkt werden sollte, um die Erfahrung der Befürchtungswiderlegung zu maximieren.

Unabhängig vom Fokus auf Habituation oder Befürchtungswiderlegung wird bei beiden Ansätzen empfohlen, Flucht- und Sicherheitsverhaltensweisen zu unterlassen, um das Ausmaß korrigierender Erfahrungen zu maximieren. Zusätzlich empfehlen beide Ansätze nach Beendigung der Expositionsübung gemeinsam mit dem Patienten zu reflektieren, welche Erfahrungen in der Übung gemacht wurden (Craske et al., 2014; Maples-Keller & Rauch, 2020).

4.4 Nachbereitung und Rückfallprophylaxe

Vor Abschluss der Therapie ist es im Sinne der Rückfallprophylaxe wichtig, Patienten darüber zu informieren, wie die Therapieergebnisse langfristig aufrechterhalten werden können. Beide eingangs beschriebenen Theorien zur Expositionstherapie gehen davon aus, dass die Höhenangst durch die Therapie nicht gelöscht wird, sondern stattdessen ein aktives neues Lernen (Sicherheitslernen) stattfindet. Aus diesem Grund ist es durchaus möglich, dass Angstreaktionen auch in Zukunft in Höhensituationen wieder auftreten können. Vor dem Hintergrund des Aufrechterhaltungsmodells ist es notwendig zu betonen, dass solche Angstreaktionen dann langfristig zu einer Rückkehr der Höhenangst führen können, wenn auf sie mit Vermeidungs-, Flucht- und Sicherheitsverhaltensweisen reagiert wird. Werden stattdessen die in der Therapie gelernten Strategien eingesetzt, kann das Sicherheitslernen gefestigt werden und so zu einem langfristigen Therapieerfolg beitragen.

4.5 Sonderpunkte VR-Therapie

Gegenüber der Expositionstherapie *in vivo* sollten bei einer Therapie in virtueller Realität einige zusätzliche Dinge beachtet werden.

- Damit sich Patienten während der Therapie möglichst gut auf die virtuelle Realität einlassen können, ist es wichtig, eventuelle Schwierigkeiten frühzeitig zu identifizieren. Die VR-Brille sollte einen guten, festen Sitz haben und, abhängig vom Modell der VR-Brille, sollte der Augenabstand korrekt eingestellt werden, um unscharfe Bilder zu vermeiden. Um ein möglichst realitätsnahes Fortbewegen während der Expositionsübungen zu gewährleisten, sollten Patienten gut mit der Bewegungssteuerung vertraut gemacht werden bzw. ausreichend Möglichkeit haben, diese zu üben. Vor den Übungen sollte zudem besprochen werden, inwiefern Therapeut und Patient während der Expositionsübungen miteinander kommunizieren, um das Eintauchen in die virtuelle Realität durch spontane Ansprache nicht zu stark zu beeinträchtigen.

- Virtuelle Realität verursacht bei einigen Personen intensive Übelkeit, die sogenannte Simulatorübelkeit oder *Cyber Sickness,* welche symptomatisch der Reisekrankheit ähnelt. Patienten sollten vor der Therapie darüber aufgeklärt werden und eine Therapie in virtueller Realität sollte nur dann durchgeführt werden, wenn die Symptome der Simulatorübelkeit nicht in zu starkem Ausmaß auftreten. Möglichkeiten der Verringerung von Simulatorübelkeit bestehen in Form einer Eingewöhnungsphase an die virtuelle Umgebung vor der Therapie, der Planung von mehreren kürzeren statt wenigen längeren Sitzungen oder dem Verzicht auf eine kontinuierliche Fortbewegungsmethode mit einem Gamepad.
- Virtuelle Realität löst in einigen Fällen keine Angstreaktion aus oder verursacht keine Bedrohungserwartung. In diesen Fällen ist zu klären, ob Patienten verdeckte Sicherheitsstrategien einsetzen (z. B. Gedanken wie „Das ist nicht real, mir kann nichts passieren!"), um ihr Angstniveau zu regulieren. Es sollte dann mit Verweis auf das Aufrechterhaltungsmodell darauf hingearbeitet werden, dass Sicherheitsverhalten Angst zwar kurzfristig reduziert, langfristig aber dazu beiträgt, dass diese bestehen bleibt.

5 Wissenschaftliche Evaluation des beschriebenen Vorgehens

Die Evaluierung beginnt mit folgender Fragestellung:

5.1 Fragestellung

In der im Folgenden beschriebenen Studie[2] wird zum einen die Wirksamkeit einer VR-Expositionstherapie bei Höhenangst untersucht und zum anderen, ob es einen Wirksamkeitsunterschied gibt, wenn diese Therapie entweder nach dem Habituationsrational oder nach dem Rational der Befürchtungswiderlegung durchgeführt wird.

5.2 Methoden

Folgende Methoden wurden angewendet:

5.2.1 Stichprobe

Über Flyer und einen Zeitungsartikel in einer lokalen Tageszeitung wurden insgesamt 79 Studieninteressierte rekrutiert. In einem Telefoninterview wurde anschließend geprüft, ob die Interessenten die Studienvoraussetzungen erfüllen. Einschlusskriterien waren

[2] Die Studie wurde im Rahmen des Promotionsprojektes von D. G. durchgeführt (Gromer 2019).

Alter (18–65) sowie subjektive Höhenangst und Vermeidung von Höhensituationen (>5 auf einer Skala von 0–10). Ausschlusskriterien waren kardiovaskuläre Erkrankungen, Asthma, Epilepsie, Schwangerschaft, eine aktuelle depressive Episode, eine psychotische Störung oder starke Übelkeit beim Ansehen eines 3D-Films. Es nahmen 36 Studienteilnehmer an der Untersuchung teil, wobei zwei Teilnehmer die Studie vorzeitig abbrachen (eine Person aufgrund von hoher Simulatorübelkeit und eine Person aufgrund des Fehlens einer Angstreaktion in der virtuellen Höhenumgebung).

5.2.2 Apparatur und virtuelle Umgebung

Die Expositionstherapie in virtueller Realität wurde in einem Cave Automatic Virtual Environment (CAVE) am Lehrstuhl für Psychologie I der Universität Würzburg durchgeführt. Beim CAVE handelt es sich um ein fünfseitiges projektionsbasiertes VR-System, bei welchem die virtuelle Umgebung mithilfe von Beamern von außen auf einen aus Leinwänden bestehenden Raum projiziert wird. Im CAVE wurden die Patienten somit vollständig von der virtuellen Welt umgeben und konnten sich durch tatsächliches Gehen oder mithilfe eines Gamepads in der virtuellen Umgebung bewegen. Das verwendete virtuelle Höhenszenario stellte einen Aussichtsturm dar, welcher dem Tetraeder in Bottrop nachempfundenen war (Abb. 2.3). Der aus Metallstreben bestehende Turm konnte von den Patienten frei begangen werden und wies Aussichtsplattformen auf den Höhen 18, 29, 35 und 50 m auf, welche durch Treppen mit Gitterboden miteinander verbunden waren.

5.2.3 Versuchsdesign und -ablauf

In der Studie wurden zwei Behandlungsbedingungen miteinander verglichen: Exposition nach dem Habituationsrational und Exposition mit Befürchtungswiderlegung. Patienten wurden via Blockrandomisierung einer der beiden Bedingungen zugeteilt. Das Ausmaß der Höhenangst der Patienten wurde vor und nach der Therapie sowohl mit Fragebögen als auch einem Verhaltenstest in einer echten Höhensituation erfasst. Insgesamt fanden vier Patiententermine statt, welche im Folgenden beschrieben werden.

Abb. 2.3 Bildschirmfotos der in der Expositionstherapie eingesetzten virtuellen Umgebung © VTplus

Zu Beginn der ersten Sitzung wurde ein klinisches Interview (SKID-I) durchgeführt, um die Diagnose einer spezifischen Phobie zu prüfen. Anschließend bearbeiteten die Patienten Fragebögen zur Erfassung des Ausmaßes ihrer Höhenangst. Zur Vorbereitung auf die Expositionsübungen wurde mit den Patienten eine Psychoedukation durchgeführt, welche sich am oben beschriebenen Vorgehen orientierte. Je nach Behandlungsbedingung erhielten die Patienten hierbei unterschiedliche Informationen bezüglich der Wirkmechanismen der Therapie (Habituation vs. Befürchtungswiderlegung) und bezüglich des Ablaufs der Expositionssitzungen. Patienten in der Habituationsbedingung wurden instruiert, dass das Ziel der Expositionsübungen darin besteht, die Erfahrung zu machen, dass Angst von alleine abnimmt. Hierzu ist es notwendig, eine Situation aufzusuchen, welche starke Angst auslöst und so lange in der Situation zu bleiben, bis die Angst von alleine nachlässt. Patienten in der Bedingung mit Befürchtungswiderlegung wurden instruiert, dass dysfunktionale Kognitionen (z. B. „Ich werde herunterfallen!") die Höhenangst aufrechterhalten und diese daher in Expositionsübungen explizit überprüft werden müssen. Hierzu ist es notwendig, eine Situation aufzusuchen, welche die Befürchtung aktiviert, um dann zu prüfen, ob die Befürchtung eintritt. Im Anschluss an die Psychoedukation wurde ein Verhaltenstest in einer echten Höhensituation durchgeführt (Abschn. 2.5.4 *„Maße"*).

Die beiden Expositionssitzungen fanden etwa eine Woche nach der Psychoedukation im Abstand von jeweils einer Woche statt. Zu Beginn wurden die Patienten mit dem CAVE und der Steuerung in der virtuellen Umgebung vertraut gemacht. Vor den Expositionsübungen wurde das Behandlungsrational vom Therapeuten kurz wiederholt, um die Patienten auf die folgende Übung vorzubereiten. Patienten in der Habituationsbedingung wurden daran erinnert, dass die Übung darauf abzielt den automatischen Rückgang der Angst bewusst wahrzunehmen. Es wurde daher vereinbart, in der virtuellen Umgebung eine Höhe aufzusuchen, welche starke Angstreaktionen hervorruft und in dieser Situation zu bleiben, bis die Angst von alleine abnimmt. Während der Übungen wurden die Patienten regelmäßig nach ihrem aktuellen Angstniveau (0–100) gefragt und wiederholt gebeten, bewusst die Angst und Veränderungen dieser wahrzunehmen. Mit Patienten der Bedingung mit Befürchtungswiderlegung wurde vor Beginn der Expositionsübung eine zu überprüfende Befürchtung auf Basis der Antworten im *Heights Interpretation Questionnaire* aus Sitzung 1 ausgewählt (z. B. „Ich werde herunterfallen!", „Ich bekomme Panik und verliere die Kontrolle!"). Für die Übung wurde vereinbart, eine Höhe in der virtuellen Umgebung aufzusuchen, welche die Befürchtung aktiviert. Während der Expositionsübung wurden die Patienten daran erinnert, bewusst die Situation und das Nichteintreten der Befürchtung wahrzunehmen. In beiden Bedingungen dauerten die Expositionsübungen jeweils etwa 30 min.

In der Abschlusssitzung bearbeiteten die Patienten wieder Fragebögen zur Erfassung ihrer Höhenangst. Zusätzlich wurde ein Fragebogen zur Therapieevaluation durchgeführt, um die subjektive Passung der Therapie zu erfragen. Anschließend wurde der Verhaltenstest in einer echten Höhensituation wiederholt.

5.2.4 Maße

Das Ausmaß der Höhenangst vor und nach der Therapie wurde sowohl über Fragebögen als auch in einem Verhaltenstest in einer echten Höhensituation erfasst. Der *Acrophobia Questionnaire* (AQ; Cohen, 1977) erfasste Angst in und Vermeidung von Höhensituationen. Für die Subskala Angst wurde für 20 Höhensituationen (z. B. „Von einer Wendeltreppe einige Stockwerke hinabschauen“) abgefragt, wie ängstlich sich Patienten in diesen Situationen fühlen würden. Für die Subskala Vermeidung wurde für dieselben Situationen erfragt, inwiefern Patienten versuchen würden, diese zu vermeiden. Der *Attitudes Towards Heights Questionnaire* (ATHQ; Abelson & Curtis, 1989) wurde eingesetzt, um Einstellungen gegenüber Höhen (z. B. angenehm vs. unangenehm, sicher vs. unsicher) zu erfragen. Mit einer modifizierten Fassung des *Heights Interpretation Questionnaire* (HIQ; Steinman und Teachman 2014) wurde die Bedrohungserwartung in Höhensituationen erfasst. Hierzu beurteilten Patienten für zwei Situationen (Leiter an einer Hauswand, Balkon eines Hochhauses) wie wahrscheinlich sie es erachteten, dass bestimmte Ereignisse eintreten (z. B. herunterfallen, Panik bekommen und die Kontrolle verlieren). Während die Originalfassung des Fragebogens zur Erfassung eine fünfstufige Likert-Skala verwendet, wurde in der vorliegenden Studie eine Wahrscheinlichkeit (0–100 %) erfragt.

Neben den Fragebögen zur Erfassung der Höhenangst wurde jeweils vor und nach der Therapie ein Verhaltenstest auf einer Außentreppe eines Parkhauses durchgeführt. Bei diesem wurde erfasst, wie hoch Patienten eine Gitterrost-Treppe stiegen (0–64 Stufen) und wie hoch ihr Angstniveau (0–100) auf dieser Höhe war.

Um zu erfassen, inwiefern Patienten das Gefühl hatten, eine geeignete Therapie für ihre Höhenangst gefunden zu haben, wurde die Skala „Passung“ aus dem *Patient Questionnaire on Therapy Expectation and Evaluation* (PATHEV; Schulte, 2005) verwendet (z. B. „Diese Therapie scheint mir für meine Probleme angemessen zu sein.“).

5.2.5 Statistische Analyse

Die statistische Analyse erfolgte mit dem Statistikprogramm R 3.6.3 (R Core Team, 2020) und für die Berechnung der Varianzanalysen wurde das Paket afex (Singmann et al., 2016) verwendet.

5.3 Ergebnisse

Der Einfluss der Therapie auf die Höhenangst der Patienten wurde für jede abhängige Variable mit einer einfaktoriellen ANOVA mit Messwiederholung überprüft. Als Zwischensubjektfaktor wurde die Bedingung (Exposition nach dem Habituationsrational vs. Exposition mit Befürchtungswiderlegung) und als Innersubjektfaktor der Zeitpunkt (vor der Therapie vs. nach der Therapie) verwendet.

Im AQ ergab sich für die Subskala Angst in der ANOVA kein signifikanter Haupteffekt der Bedingung, $F(1, 32) = 1.14$, $p = .293$, $\eta_p^2 = .03$, aber ein signifikanter Haupteffekt des Zeitpunktes, $F(1, 32) = 35.51$, $p < .001$, $\eta_p^2 = .53$. Nach der Therapie berichteten die Patienten signifikant geringere Angst in Höhensituationen als vor der Therapie. Die Interaktion Bedingung × Zeitpunkt war nicht signifikant, $F(1, 32) = 0.67$, $p = .419$, $\eta_p^2 = .02$, d. h., die beiden Bedingungen unterschieden sich nicht in ihrer Wirksamkeit bezüglich der Verringerung von Angst in Höhensituationen (Abb. 2.4a). Für die Subskala Vermeidung des AQ ergab sich ebenfalls kein signifikanter Haupteffekt der Bedingung, $F(1, 32) = 1.77$, $p = .193$, $\eta_p^2 = .05$, jedoch wieder ein signifikanter Haupteffekt des Zeitpunktes, $F(1, 32) = 38.95$, $p < .001$, $\eta_p^2 = .55$. Nach der Therapie berichteten die Patienten signifikant weniger Vermeidung von Höhensituationen. Der Interaktionseffekt war nicht signifikant, $F(1, 32) = 0.37$, $p = .549$, $\eta_p^2 = .01$, die beiden Bedingungen zeigten über die Zeit hinweg also einen ähnlichen Einfluss auf die Vermeidung (Abb. 2.4b). Die Effektstärken für den Prä-Post-Vergleich über beide Bedingungen hinweg betrugen $d = 1.03$ für die Subskala Angst und $d = 1.08$ für die Subskala Vermeidung.

Für die mit dem ATHQ erfassten negativen Einstellungen gegenüber Höhen zeigte sich in der ANOVA kein signifikanter Haupteffekt der Bedingung, $F(1, 32) = 0.19$, $p = .669$, $\eta_p^2 < ,01$, aber ein signifikanter Haupteffekt des Zeitpunktes, $F(1, 32) = 33.41$, $p < .001$, $\eta_p^2 = .51$. Negative Einstellungen gegenüber Höhen nahmen durch die Therapie über die Bedingungen hinweg ab. Der Interaktionseffekt war nicht signifikant, $F(1, 32) = 0.97$, $p = .333$, $\eta_p^2 = .03$. In beiden Therapiebedingungen veränderten sich die negativen Einstellungen gegenüber Höhen ähnlich (Abb. 2.4c). Für den ATHQ betrug die Effektstärke für den Prä-Post-Vergleich über beide Bedingungen hinweg $d = 0.99$.

Für die Erwartung einer Gefahr in Höhensituationen, gemessen mit dem HIQ, zeigte sich in der ANOVA kein signifikanter Haupteffekt der Bedingung, $F(1, 31) = 1.63$, $p = .211$, $\eta_p^2 = .05$, jedoch ein signifikanter Haupteffekt des Zeitpunktes, $F(1, 31) = 60.08$, $p < .001$, $\eta_p^2 = .66$. Die Bedrohungserwartung in Höhensituationen nahm

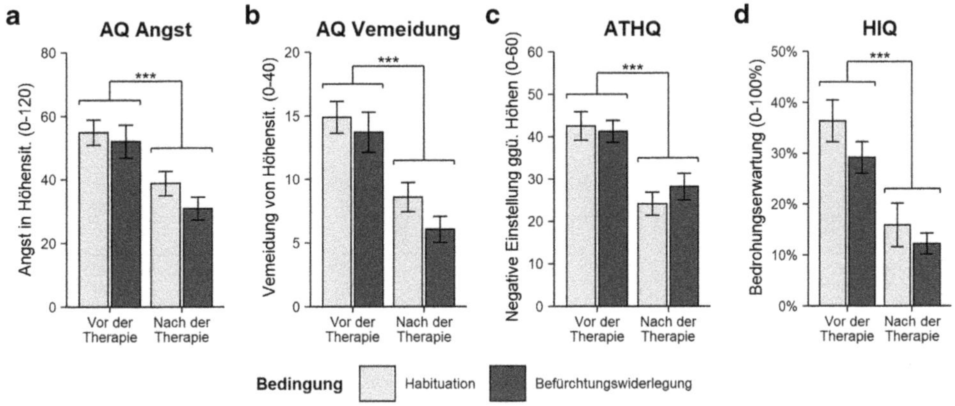

Abb. 2.4 **a–d** Mittelwerte (± Standardfehler) der mit Fragebögen erfassten Höhenangst vor und nach der Expositionstherapie in virtueller Realität. AQ = Acrophobia Questionnaire, ATHQ = Attitudes Towards Heights Questionnaire, HIQ = Heights Interpretation Questionnaire. $^{***}p < .001$

durch die Therapie ab. Die Interaktion Bedingung × Zeitpunkt war nicht signifikant, $F(1, 31) = 0.53$, $p = .474$, $\eta_p^2 = .02$. Es zeigte sich somit kein differentieller Effekt der Therapiebedingung auf die Wirksamkeit (Abb. 2.4d). Über beide Bedingungen hinweg betrug die Effektstärke des Prä-Post-Vergleichs im HIQ $d = 1.38$.

Im Verhaltenstest zeigten sich für die berichtete Angst kein signifikanter Haupteffekt der Bedingung, $F(1, 32) = 0.10$, $p = .759$, $\eta_p^2 < .01$, jedoch ein signifikanter Haupteffekt des Zeitpunktes, $F(1, 32) = 39.53$, $p < .001$, $\eta_p^2 = .55$. Patienten berichteten im Verhaltenstest nach der Therapie geringere Angst. Der Interaktionseffekt war nicht signifikant, $F(1, 32) = 2.83$, $p = .102$, $\eta_p^2 = .08$, es zeigte sich also zwischen den Bedingungen kein Wirksamkeitsunterschied (Abb. 2.5a). Für die Anzahl der im Verhaltenstest hinaufgestiegenen Stufen zeigte sich kein signifikanter Haupteffekt der Bedingung, $F(1, 32) = 2.35$, $p = .135$, $\eta_p^2 = .07$, ein signifikanter Haupteffekt des Zeitpunktes, $F(1, 32) = 5.13$, $p = .030$, $\eta_p^2 = .14$, und keine signifikante Interaktion, $F(1, 32) = 0.05$, $p = .824$, $\eta_p^2 < .01$. Patienten stiegen die Treppe des Parkhauses nach der Therapie weiter nach oben als vor der Therapie, die Therapiebedingung hatte auf diesen Effekt allerdings keinen Einfluss (Abb. 2.5b). Die Effektstärken für den Prä-Post-Vergleich im Verhaltenstest betrugen über beide Bedingungen hinweg $d = 1.05$ für die subjektive Angst und $d = 0.39$ für die Anzahl hinaufgestiegener Stufen.

Um zu prüfen, ob sich die subjektive Passung der Therapie (d. h. inwiefern Patienten das Gefühl hatten, eine für ihre Probleme angemessene Therapie gefunden zu haben) zwischen den Therapiebedingungen unterschied, wurde ein t-Test für abhängige Stichproben mit Welch-Korrektur durchgeführt. Bezüglich der Passung der Therapie zeigte sich kein Unterschied zwischen den beiden Bedingungen, $t(28.16) = -1.34$, $p = .191$, $d = -0.46$ (Abb. 2.5c).

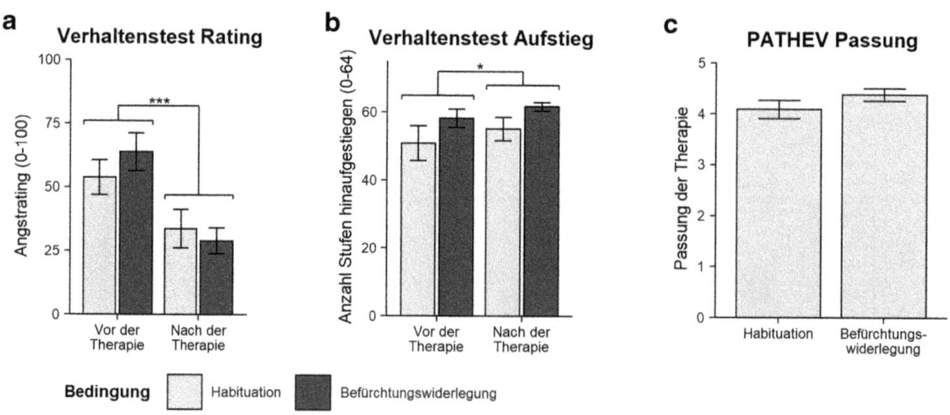

Abb. 2.5 **a–b** Mittelwerte (± Standardfehler) der subjektiven Angst und der hinaufgestiegenen Treppenstufen im Verhaltenstest vor und nach der Expositionstherapie in virtueller Realität. **c** Mittelwerte (± Standardfehler) der subjektiven Passung der jeweiligen Expositionstherapie, erfasst nach der Therapie. PATHEV = Patient Questionnaire on Therapy Expectation and Evaluation. *$p < .05$, ***$p < .001$

5.4 Diskussion

In der vorliegenden Studie wurden die VR-Expositionstherapie bei Höhenangst eingesetzt, um zwei Formen der Expositionstherapie in virtueller Realität miteinander zu vergleichen: das Vorgehen nach dem Habituationsrational und das Vorgehen mit Befürchtungswiderlegung. Patienten, die nach dem Habituationsrational behandelt wurden, fokussierten während der Expositionsübungen auf ihre Angstreaktionen und beobachteten, wie diese automatisch über die Zeit hinweg abnahmen. Patienten in der Bedingung mit Befürchtungswiderlegung hingegen überprüften in den Expositionsübungen gezielt ihre Befürchtungen bezüglich Höhensituationen (z. B. „Ich werde einen Herzinfarkt bekommen!"). Die Ergebnisse der Untersuchung zeigen, dass beide VR-Therapiebedingungen sehr wirksam waren bezüglich der Verringerung der Höhenangst der Patienten. Die hohen Effektstärken bestätigen damit frühere Untersuchungen, welche zeigen konnten, dass Expositionstherapie in virtueller Realität eine vergleichbare Wirksamkeit hat wie Exposition *in vivo* (Carl et al., 2019).

Die Studie hat außerdem keine Unterschiede in der Wirksamkeit der VR-Therapie gefunden, wenn diese basierend auf dem Habituationsrational oder der Befürchtungswiderlegung realisiert wurde. Aus der aktuellen Untersuchung heraus lassen sich somit keine Empfehlungen dafür ableiten, welches Vorgehen für Expositionsbehandlungen zu präferieren ist. Einschränkend muss zur aktuellen Untersuchung allerdings auch angemerkt werden, dass der Stichprobenumfang wahrscheinlich nicht groß genug war, um einen Wirkunterschied zwischen zwei aktiven Therapiebedingungen nachzuweisen. In der Literatur gibt es bislang kaum weitere systematische Vergleiche der unterschiedlichen Expositionsbedingungen.

Salkovskis et al. (2007) konnten in einer Pilotstudie mit Patienten mit Panikstörung und Agoraphobie zwar Anhaltspunkte dafür finden, dass ein Vorgehen mit Befürchtungswiderlegung einem Vorgehen nach dem Habituationsrational überlegen ist, jedoch zeigte sich in der Untersuchung für letztere Bedingung fast überhaupt keine Wirksamkeit der Therapie. Dies widerspricht früheren Untersuchungen, nach denen die Expositionstherapie basierend auf dem Habituationsrational wirksam für die Behandlung von Panikstörung mit Agoraphobie ist (Michelson et al., 1996). Aus diesem Grund lässt sich auch aus der Untersuchung von Salkovskis et al. (2007) keine klare Therapieempfehlung ableiten. Weitere Studien zeigten gemischte Befunde: Baker et al. (2010) fanden bei einer Expositionstherapie für Höhenangst keinen Zusammenhang zwischen Habituation und Therapieerfolg. Kleine et al. (2017) hingegen fanden positive Zusammenhänge zwischen Habituation und dem Expositionserfolg bei der Behandlung für PTBS, aber keinen Zusammenhang zwischen der Erwartungswiderlegung und dem Therapieerfolg.

Brown et al. (2016) wiederum konnten zeigen, dass Erwartungswiderlegung Sicherheitslernen besser vorhersagt als Habituation. Es ist jedoch einschränkend festzuhalten, dass es sich bei diesen Ergebnissen nur um korrelative Befunde handelt. Um Therapieempfehlungen aussprechen zu können, bedarf es daher in der Zukunft weiterer systematischer Vergleiche der unterschiedlichen Vorgehensweisen.

Zusammenfassung

Insgesamt lässt diese Studie also den Schluss zu, dass die VR-Expositionstherapie sehr effektiv zur Behandlung von Höhenangst eingesetzt werden kann, unabhängig vom zugrunde liegenden Expositionsrational. ◀

Literatur

Abbruzzese, E., & Kübler, U. (2013). Verhaltensanalyse in der Verhaltenstherapie. *Verhaltenstherapie, 23*(2), 108–116. https://doi.org/10.1159/000352030

Abelson, J. L., & Curtis, G. C. (1989). Cardiac and neuroendocrine responses to exposure therapy in height phobics: Desynchrony within the physiological response system. *Behaviour Research and Therapy, 27*(5), 561–567. https://doi.org/10.1016/0005-7967(89)90091-0

Abramowitz, J. S., Deacon, B. J., & Whiteside, S. P. H. (2019). *Exposure Therapy for Anxiety: Principles and Practice* (Second Edition.). Guilford Press.

Anderson, P. L., Price, M., Edwards, S. M., Obasaju, M. A., Schmertz, S. K., Zimand, E., & Calamaras, M. R. (2013). Virtual reality exposure therapy for social anxiety disorder: A randomized controlled trial. *Journal of Consulting and Clinical Psychology, 81*(5), 751–760. https://doi.org/10.1037/a0033559

Baker, A. S., Mystkowski, J., Culver, N., Yi, R., Mortazavi, A., & Craske, M. G. (2010). Does habituation matter? Emotional processing theory and exposure therapy for acrophobia. *Behaviour Research and Therapy, 48*(11), 1139–1143. https://doi.org/10.1016/j.brat.2010.07.009

Bouchard, S., Dumoulin, S., Robillard, G., Guitard, T., Klinger, E., Forget, H., Loranger, C., et al. (2017). Virtual reality compared with in vivo exposure in the treatment of social anxiety disorder: A three-arm randomised controlled trial. *The British Journal of Psychiatry, 210*(4), 276–283. https://doi.org/10.1192/bjp.bp.116.184234

Bouchard, S., Robillard, G., Larouche, S., & Loranger, C. (2012). Description of a Treatment Manual for in virtuo Exposure with Specific Phobia. In C. Eichenberg (Ed.), *Virtual Reality in Psychological, Medical and Pedagogical Applications* (S. 81–108). InTech. https://doi.org/10.5772/46417

Brown, L. A., LeBeau, R. T., Chat, K. Y., & Craske, M. G. (2016). Associative learning versus fear habituation as predictors of long-term extinction retention. *Cognition and Emotion,* 1–12. https://doi.org/10.1080/02699931.2016.1158695

Cardos, R. A. I., David, O. A., & David, D. O. (2017). Virtual reality exposure therapy in flight anxiety: A quantitative meta-analysis. *Computers in Human Behavior, 72*, 371–380. https://doi.org/10.1016/j.chb.2017.03.007

Carl, E., Stein, A. T., Levihn-Coon, A., Pogue, J. R., Rothbaum, B., Emmelkamp, P., Asmundson, G. J. G., et al. (2019). Virtual reality exposure therapy for anxiety and related disorders: A meta-analysis of randomized controlled trials. *Journal of Anxiety Disorders, Virtual Reality Applications for the Anxiety Disorders, 61*, 27–36. https://doi.org/10.1016/j.janxdis.2018.08.003

Carpenter, J. K., Andrews, L. A., Witcraft, S. M., Powers, M. B., Smits, J. A. J., & Hofmann, S. G. (2018). Cognitive behavioral therapy for anxiety and related disorders: A meta-analysis of randomized placebo-controlled trials. *Depression and Anxiety, 35*(6), 502–514. https://doi.org/10.1002/da.22728

Chesham, R. K., Malouff, J. M., & Schutte, N. S. (2018). Meta-analysis of the efficacy of virtual reality exposure therapy for social anxiety. *Behaviour Change, 35*(3), 152–166. https://doi.org/10.1017/bec.2018.15

Cohen, D. C. (1977). Comparison of self-report and overt-behavioral procedures for assessing acrophobia. *Behavior Therapy, 8*(1), 17–23. https://doi.org/10.1016/S0005-7894(77)80116-0
Cooper, A. A., Clifton, E. G., & Feeny, N. C. (2017). An empirical review of potential mediators and mechanisms of prolonged exposure therapy. *Clinical Psychology Review, 56*(Supplement C), 106–121. https://doi.org/10.1016/j.cpr.2017.07.003.
Craske, M. G., Kircanski, K., Zelikowsky, M., Mystkowski, J., Chowdhury, N., & Baker, A. (2008). Optimizing inhibitory learning during exposure therapy. *Behaviour Research and Therapy, 46*(1), 5–27. https://doi.org/10.1016/j.brat.2007.10.003
Craske, M. G., Treanor, M., Conway, C. C., Zbozinek, T., & Vervliet, B. (2014). Maximizing exposure therapy: An inhibitory learning approach. *Behaviour Research and Therapy, 58*, 10–23. https://doi.org/10.1016/j.brat.2014.04.006
Curtiss, J. E., Pinaire, M., Eichert, B., Pauli, P., & Hofmann, S. G. (submitted). Efficacy and moderators of virtual reality exposure therapy for anxiety: A comprehensive meta-analysis.
de Kleine, R. A., Hendriks, L., Becker, E. S., Broekman, T. G., & van Minnen, A. (2017). Harm expectancy violation during exposure therapy for posttraumatic stress disorder. *Journal of Anxiety Disorders, 49*, 48–52. https://doi.org/10.1016/j.janxdis.2017.03.008
Difede, J., Cukor, J., Jayasinghe, N., Patt, I., Jedel, S., Spielman, L., Giosan, C., et al. (2007). Virtual reality exposure therapy for the treatment of posttraumatic stress disorder following September 11, 2001. *The Journal of Clinical Psychiatry, 68*(11), 1682–1689. https://doi.org/10.4088/jcp.v68n1102
Emmelkamp, P. M. G., Krijn, M., Hulsbosch, A. M., de Vries, S., Schuemie, M. J., & van der Mast, C. A. P. G. (2002). Virtual reality treatment versus exposure in vivo: A comparative evaluation in acrophobia. *Behaviour Research and Therapy, 40*(5), 509–516. https://doi.org/10.1016/S0005-7967(01)00023-7
Foa, E. B., & Kozak, M. J. (1986). Emotional processing of fear: Exposure to corrective information. *Psychological Bulletin, 99*(1), 20–35.
Foa, E. B., & McNally, R. J. (1996). Mechanisms of change in exposure therapy. In R. M. Rapee (Hrsg.), *Current controversies in the anxiety disorders* (S. 329–343). Guilford Press.
Foa, E. B., Huppert, J. D., & Cahill, S. P. (2006). Emotional processing theory: An update. In B. O. Rothbaum (Ed.), *Pathological Anxiety: Emotional Processing in Etiology and Treatment* (S. 3–24). Guilford Press.
Fodor, L. A., Cotet, C. D., Cuijpers, P., Szamoskozi, S., David, D., & Cristea, I. A. (2018). The effectiveness of virtual reality based interventions for symptoms of anxiety and depression: A meta-analysis. *Scientific Reports, 8*(1), 10323. https://doi.org/10.1038/s41598-018-28113-6
Garcia-Palacios, A., Botella, C., Hoffman, H., & Fabregat, S. (2007). Comparing acceptance and refusal rates of virtual reality exposure vs. In vivo exposure by patients with specific phobias. *CyberPsychology & Behavior, 10*(5), 722–724. https://doi.org/10.1089/cpb.2007.9962.
Gromer, D. (2019). *Mechanisms Underlying Virtual Reality Exposure Therapy for Specific Phobias*. [Doctoral dissertation, University of Würzburg]. OPUS Würzburg.
Hamm, A. (2006). *Spezifische Phobien*. Hogrefe Verlag GmbH + Co.
Hofmann, S. G., Asnaani, A., Vonk, I. J. J., Sawyer, A. T., & Fang, A. (2012). The efficacy of cognitive behavioral therapy: A review of meta-analyses. *Cognitive Therapy and Research, 36*(5), 427–440. https://doi.org/10.1007/s10608-012-9476-1
Hood, H. K., & Antony, M. M. (2012). Evidence-based assessment and treatment of specific phobias in adults. In T. E. Davis III, T. H. Ollendick, & L.-G. Öst (Eds.), *Intensive One-Session Treatment of Specific Phobias* (S. 19–42). Springer. https://doi.org/10.1007/978-1-4614-3253-1_2.
Lang, P. J. (1979). A bio-informational theory of emotional imagery. *Psychophysiology, 16*(6), 495–512. https://doi.org/10.1111/j.1469-8986.1979.tb01511.x

Mack, S., Jacobi, F., Gerschler, A., Strehle, J., Höfler, M., Busch, M. A., Maske, U. E., et al. (2014). Self-reported utilization of mental health services in the adult German population – Evidence for unmet needs? Results of the DEGS1-Mental Health Module (DEGS1-MH). *International Journal of Methods in Psychiatric Research, 23*(3), 289–303. https://doi.org/10.1002/mpr.1438

Malbos, E., Rapee, R. M., & Kavakli, M. (2012). A controlled study of agoraphobia and the independent effect of virtual reality exposure therapy. *Australian & New Zealand Journal of Psychiatry, 47*(2), 160–168. https://doi.org/10.1177/0004867412453626

Maples-Keller, J. L., & Rauch, S. A. M. (2020). *Habituation. Clinical handbook of fear and anxiety: Maintenance processes and treatment mechanisms.* (S. 249–263). American Psychological Association. https://doi.org/10.1037/0000150-014.

McLay, R. N., Wood, D. P., Webb-Murphy, J. A., Spira, J. L., Wiederhold, M. D., Pyne, J. M., & Wiederhold, B. K. (2011). A randomized, controlled trial of virtual reality-graded exposure therapy for post-traumatic stress disorder in active duty service members with combat-related post-traumatic stress disorder. *Cyberpsychology, Behavior, and Social Networking, 14*(4), 223–229. https://doi.org/10.1089/cyber.2011.0003

Menzies, R. G., & Clarke, J. C. (1993). The etiology of fear of heights and its relationship to severity and individual response patterns. *Behaviour Research and Therapy, 31*(4), 355–365. https://doi.org/10.1016/0005-7967(93)90093-A

Michelson, L. K., Marchione, K. E., Greenwald, M., Testa, S., & Marchione, N. J. (1996). A comparative outcome and follow-up investigation of panic disorder with agoraphobia: The relative and combined efficacy of cognitive therapy, relaxation training, and therapist-assisted exposure. *Journal of Anxiety Disorders, 10*(5), 297–330. https://doi.org/10.1016/0887-6185(96)00001-1

Morina, N., Ijntema, H., Meyerbröker, K., & Emmelkamp, P. M. G. (2015). Can virtual reality exposure therapy gains be generalized to real-life? A meta-analysis of studies applying behavioral assessments. *Behaviour Research and Therapy, 74*, 18–24. https://doi.org/10.1016/j.brat.2015.08.010

Mowrer, O. H. (1939). A stimulus-response analysis of anxiety and its role as a reinforcing agent. *Psychological Review, 46*(6), 553–565. https://doi.org/10.1037/h0054288

Mühlberger, A., Herrmann, M. J., Wiedemann, G., Ellgring, H., & Pauli, P. (2001). Repeated exposure of flight phobics to flights in virtual reality. *Behaviour Research and Therapy, 39*(9), 1033–1050. https://doi.org/10.1016/s0005-7967(00)00076-0

Opriş, D., Pintea, S., García-Palacios, A., Botella, C., Szamosközi, S., & David, D. (2012). Virtual reality exposure therapy in anxiety disorders: A quantitative meta-analysis. *Depression and Anxiety, 29*(2), 85–93. https://doi.org/10.1002/da.20910

Pallavicini, F., Algeri, D., Repetto, C., Gorini, A., & Riva, G. (2009). Biofeedback, virtual reality and mobile phones in the treatment of generalized anxiety disorder (GAD): A phase-2 controlled clinical trial. *Journal of Cyber Therapy and Rehabilitation, 2*(4), 315–327.

Pelissolo, A., Zaoui, M., Aguayo, G., Yao, S. N., Roche, S., Ecochard, R., Gueyffier, F., et al. (2012). Virtual reality exposure therapy versus cognitive behavior therapy for panic disorder with agoraphobia: A randomized comparison study. *Journal of Cybertherapy and Rehabilitation, 5*(1), 35–43.

Powers, M. B., & Emmelkamp, P. M. G. (2008). Virtual reality exposure therapy for anxiety disorders: A meta-analysis. *Journal of Anxiety Disorders, 22*(3), 561–569. https://doi.org/10.1016/j.janxdis.2007.04.006

Rachman, S. (1977). The conditioning theory of fear acquisition: A critical examination. *Behaviour Research and Therapy, 15*(5), 375–387. https://doi.org/10.1016/0005-7967(77)90041-9

Rachman, S. (1991). Neo-conditioning and the classical theory of fear acquisition. *Clinical Psychology Review, 11*(2), 155–173. https://doi.org/10.1016/0272-7358(91)90093-A

Rescorla, R. A., & Wagner, A. R. (1972). A theory of Pavlovian conditioning: Variations in the effectiveness of reinforcement and nonreinforcement. In A. H. Black & W. F. Prokasy (Eds.), *Classical Conditioning II: Current Research and Theory*. Appleton-Century-Crofts.

Rothbaum, B. O., Hodges, L. F., Kooper, R., Opdyke, D., Williford, J. S., & North, M. (1995). Virtual reality graded exposure in the treatment of acrophobia: A case report. *Behavior Therapy, 26*(3), 547–554. https://doi.org/10.1016/s0005-7894(05)80100-5

Rothbaum, B. O., Hodges, L., Smith, S., Lee, J. H., & Price, L. (2000). A controlled study of virtual reality exposure therapy for the fear of flying. *Journal of Consulting and Clinical Psychology, 68*(6), 1020–1026. https://doi.org/10.1037/0022-006x.68.6.1020

Rupp, C., Doebler, P., Ehring, T., & Vossbeck-Elsebusch, A. N. (2017). Emotional processing theory put to test: A meta-analysis on the association between process and outcome measures in exposure therapy. *Clinical Psychology & Psychotherapy, 24*(3), 697–711. https://doi.org/10.1002/cpp.2039

Salkovskis, P. M., Hackmann, A., Wells, A., Gelder, M. G., & Clark, D. M. (2007). Belief disconfirmation versus habituation approaches to situational exposure in panic disorder with agoraphobia: A pilot study. *Behaviour Research and Therapy, 45*(5), 877–885. https://doi.org/10.1016/j.brat.2006.02.008

Schulte, D. (2005). Messung der Therapieerwartung und Therapieevaluation von Patienten (PATHEV). *Zeitschrift für Klinische Psychologie und Psychotherapie, 34*(3), 176–187. https://doi.org/10.1026/1616-3443.34.3.176

Singmann, H., Bolker, B., Westfall, J., & Aust, F. (2016). *afex: Analysis of factorial experiments* [Computer software manual]. (R package version 0.16-1). https://CRAN.R-project.org/package=afex

Steinman, S. A., & Teachman, B. A. (2014). Reaching new heights: Comparing interpretation bias modification to exposure therapy for extreme height fear. *Journal of Consulting and Clinical Psychology, 82*(3), 404–417. https://doi.org/10.1037/a0036023

Team, R. C. (2020). *R: A Language and Environment for Statistical Computing*. R Foundation for Statistical Computing.

Teismann, T., & Margraf, J. (2018). Exposition und Konfrontation [Exposure and Confrontation]. *Hogrefe*. https://doi.org/10.1026/02825-000

Weisman, J. S., & Rodebaugh, T. L. (2018). Exposure therapy augmentation: A review and extension of techniques informed by an inhibitory learning approach. *Clinical Psychology Review, 59*, 41–51. https://doi.org/10.1016/j.cpr.2017.10.010

Wittchen, H. U., Jacobi, F., Rehm, J., Gustavsson, A., Svensson, M., Jönsson, B., Olesen, J., et al. (2011). The size and burden of mental disorders and other disorders of the brain in Europe 2010. *European Neuropsychopharmacology, 21*(9), 655–679. https://doi.org/10.1016/j.euroneuro.2011.07.018

Behandlung von Angststörungen mit virtueller Realität

Ein praktischer Leitfaden für den Einsatz von Expositionstherapie mit virtueller Realität bei Angststörungen

Johannes Lanzinger

Das folgende Kapitel soll interessierten Psychotherapeuten, Ärzten und Klinischen Psychologen einen Einblick in die Anwendung von Konfrontationstherapie mit virtueller Realität (VR) bei der Behandlung von Angststörungen geben. Zunächst wird ein Überblick über die verschiedenen Angststörungen gegeben und darauf aufbauend die Möglichkeiten und Limits der VR-Technologie erörtert, denn nicht jede Phobie lässt sich gleich gut mit VR behandeln. Der größte Teil des Kapitels beschäftigt sich mit der praktischen Anwendung eines an die KVT angelehnten Fünf-Schritte-Programms zur Behandlung von Angststörungen mit VR. Dies wird dem Leser anhand der Beispiel Flugangst und Sozialphobie nähergebracht. Abgerundet wird das Kapitel mit dem Eingehen auf typische Fragen und Schwierigkeiten bei der Konfrontation mit VR.

1 Vorstellung

Vor ca. vier Jahren habe ich Phobius gegründet – eine ambulante psychologische Praxis spezialisiert auf Angststörungen. Zu Beginn war unser Fokus vor allem auf der Behandlung von spezifischen Phobien mit virtueller Realität (VR). Aufgrund der Nachfrage verbreiterte sich der Fokus allmählich auf alle Angststörungen – auch solche, welche für die Behandlung mit VR eher ungeeignet sind. Heute setzen wir neben VR-Konfrontation auch Konfrontation mit Bildern, Videos und Konfrontation in vivo ein.

Ich spreche in diesem Kapitel hauptsächlich von meinen persönlichen Erfahrungen mit Angstpatienten und VR. Soweit möglich, versuche ich mich an den aktuellen Erkenntnissen der Forschung zu orientieren. Der vorliegende Text ist aber zuallererst ein

J. Lanzinger (✉)
Wien, Österreich
E-Mail: lanzinger@phobius.at

M. Altenhofer et al., *Virtual-Reality-Therapie*, https://doi.org/10.1007/978-3-662-63457-8_3

Bericht aus der Praxis und soll Interessierten einen Einblick in die Thematik und deren Behandlung bieten.

2 Einteilung der verschiedenen Ängste

Angststörungen werden nach dem ICD-10 in zwei Kategorien aufgeteilt: Phobische Störungen (F40) und andere Angststörungen (F41). Der größte Unterschied zwischen den beiden Kategorien ist der Gegenstand der Furcht. Während dieser bei den phobischen Störungen eine Situation oder ein Objekt ist, welches sich außerhalb der Betroffenen befindet, ist die Angst bei den anderen Angststörungen an keine bestimmte Situation oder Objekt gebunden.

Dieser Unterschied ist am einfachsten zu verstehen, wenn man sich die einzelnen Störungsgruppen genauer ansieht. Bei den phobischen Störungen sind das die Agoraphobie (F40.0), die soziale Phobie (F40.1) und die spezifischen Phobien (F40.2). Die Agoraphobie ist gekennzeichnet durch die Angst vor Menschenmengen, öffentlichen Plätzen, alleine Reisen und Reisen mit weiter Entfernung von Zuhause. Sozialphobiker haben Angst vor der Bewertung durch andere. Entsprechend werden die Ängste in sozialen Situationen ausgelöst, vor allem wenn die Betroffenen im Zentrum der Aufmerksamkeit stehen. Bei spezifischen Phobien geht es um bestimmte Situationen und Objekte wie Höhe, verschiedene Tiere, Fliegen, Spritzen, Blut und noch einige mehr.

Zu den anderen Angststörungen gehört die Panikstörung (F41.0) und die generalisierte Angststörung (F41.1). Die Panikstörung ist durch die Angst vor einer starken vegetativen Stressreaktion (Panikattacke) gekennzeichnet, welche auch tatsächlich auftreten muss. Diese Stressreaktion darf nicht durch äußere tatsächliche oder vermeintliche Gefahren ausgelöst werden. Die einzige Ausnahme ist die Agoraphobie mit Panikstörung, welche aber zu den phobischen Störungen gehört, bei der Panikattacken vor allem in agoraphobischen Situationen auftreten. Bei der generalisierten Angststörung treten sogenannte frei flottierende Ängste auf, die sich zumeist auf negative zukünftige Ereignisse wie Krankheit, Unfall oder Unglück des Betroffenen oder eines nahen Angehörigen beziehen. Es ist nicht untypisch, dass die ständigen Sorgen zu deutlichen körperlichen Beschwerden wie Muskelverspannungen, Nervosität und Schlafproblemen führen.

3 Möglichkeiten der Konfrontation

Die Einteilung in die beiden Kategorien erleichtert auch die Möglichkeiten, die Konfrontation besser einzuschätzen. So lassen sich die phobischen Störungen um einiges einfacher konfrontieren als die anderen Angststörungen. Da der Reiz von außen kommt, lässt sich dieser meist gut erzeugen und kontrollieren. Es reicht in der Regel aus, den Betroffenen mit dem Objekt der Angst zu konfrontieren, um die Angstreaktion auszulösen. Das ist an sich relativ einfach, die meisten Therapeuten und Therapeutinnen haben aber die benötigen Objekte und Situationen nicht immer zur Verfügung. So kann man zwar wunderbar Angst mit einer Spinne oder einem Flugzeug auslösen, diese Dinge müssen aber erstmal verfügbar sein. Das ist der große Vorteil, der Exposition mit virtueller Realität mit sich bringt. Theoretisch kann damit jede erdenkliche Situation mit nur einem Klick in jede beliebige psychologische Praxis geholt werden.

Bei den anderen Angststörungen ist die Konfrontation mit VR nur sehr eingeschränkt geeignet, da der Gegenstand der Angst weit weniger spezifisch und oft nicht visuell abbildbar ist. Bei der Panikstörung sind es vor allem verschiedene körperliche Empfindungen wie Hitze, Schwindel, Herzrasen und Hyperventilation aber auch psychische Phänomene wie Derealisation und Depersonalisation, welche die Angst auslösen. Bei der generalisierten Angststörung kommt es zu einer Vielzahl an Angstgedanken und Metasorgen über die Angstgedanken, welche oft sehr patientenspezifisch sind und kaum mit bisher existierender VR-Software auslösbar sind.

4 Anwendbarkeit und Praktikabilität von VR

Man kann sich nun fragen, ob VR-Exposition wirklich so praktikabel ist, schließlich gibt es Listen mit über 800 spezifischen Phobien, für die es sicher nicht alle passende VR-Software gibt. Außerdem unterscheiden sich die einzelnen Phobien je nach Patient auch noch einmal in ihrer Ausprägung und Intensität.

Zwar gibt es theoretisch tatsächlich unendlich viele spezifische Phobien, in meiner Praxis werden aber immer wieder die gleichen, ca. 17 Phobien vorstellig. Das wären bei den situativen Phobien Höhenangst, Klaustrophobie, Flugangst und Angst vor dem Autofahren, bei den Tierphobien Spinnen, Insekten, Schlangen, Hunde und Vögel, bei den Naturgewalten Angst vor Gewittern, Angst vor der Dunkelheit und Angst vor Wasser, außerdem die Blut-, Verletzungs- und Spritzenphobie und die Emetophobie. Dazu kommen die soziale Phobie und die Agoraphobie. Alle diese Phobien eint die deutlichen Einschränkungen, die sie sowohl im beruflichen als auch privaten Leben mit sich bringen können. Diese Einschränkungen sind in den meisten Fällen der Grund für die Therapiemotivation der Patienten.

So mag es eventuell auch viele Menschen geben, welche zum Beispiel unter einer Clownphobie (Coulrophobie) leiden. Diese führt aber normalerweise zu keinen weitreichenden Vermeidungsverhalten (außer vielleicht, dass Betroffene nicht in den Zirkus gehen) und löst deswegen auch keinen erheblichen Leidensdruck aus.

Die Evolutionspsychologie geht außerdem davon aus, dass sich eine sogenannte Prepardeness für Dinge, die vor Jahrmillionen gefährlich waren, entwickelt hat. So konnte man zeigen, dass sich die Angst vor Schlangen, Spinnen und Menschen mit aggressivem Gesichtsausdruck viel schneller konditionieren lässt und auch viel löschungsresistenter ist, als die Angst vor potenziell ungefährlichen Dingen wie Blumen und Pilzen (Öhman 2009). Fast alle der oben erwähnten 17 Phobien gehören zu diesen evolutionär geprägten Ängsten. Und auch bei der Flugangst und der Angst vor dem Autofahren, die auf den ersten Blick nicht in dieses Schema passen, geht es nicht um das Flugzeug oder das Auto an sich, sondern meist um klaustrophobische Ängste oder die Angst abzustürzen, also die Angst zu sterben.

Abb. 1 Johannes Lanzinger bei der Arbeit mit einer Höhenangst-Patientin

Es ist somit ausreichend, diese 17 Phobien mit passender VR-Software abzudecken (was tatsächlich schon möglich ist), um den größten Teil der Patienten mit phobischer Störung behandeln zu können (Abb. 1).

5 Limitierung von VR-Expositionstherapie

In meiner fast vierjährigen Erfahrung mit VR-Expositionstherapie, in der ich und mein Team mehr als 600 Angstpatienten und -patientinnen behandelt haben, haben sich bestimmte Ängste als besonders gut und andere als weniger gut durch VR konfrontierbar herausgestellt. Limitierende Faktoren waren vor allem der Grad, der durch die VR-Abbildung des angstauslösenden Objektes ausgelösten Immersion und die Intensität der Angststörung. Zusätzlich gibt es bestimmte Patientenvariablen, welche eine VR-Konfrontation erschweren. So leiden ca. 5–10 % der Bevölkerung unter einer sogenannten „Motion Sickness", welche bei schnellen Bewegungen innerhalb der VR, welche nicht mit den Bewegungen im tatsächlichen Raum übereinstimmen, Übelkeit auslösen kann. Außerdem lehnt eine geringe Anzahl von Betroffenen eine Behandlung mit VR aufgrund verschiedener Überzeugungen wie Misstrauen oder Ängsten gegenüber technischen Geräten ab.

Die Angst, die sich am besten in VR erfahren lässt, ist mit Sicherheit die Höhenangst. Aufgrund der relativen Einfachheit der Szenarien und der modernen Grafik lassen sich VR-Umgebungen erschaffen, welche fast fotorealistisch sind. Durch die sogenannten sechs Freiheitsgrade (6DoF) heutiger VR-Brillen lässt sich die Umgebung als „quasi-real" erfahren. Die 6DoF ermöglichen es, einen Schritt Richtung Abgrund zu machen, hinunterzuschauen, sogar über den Abgrund zu beugen und theoretisch auch herunterzufallen. Je mehr die Interaktion in VR der Interaktion in der tatsächlichen „echten“ Umgebung entspricht, desto höher ist die Immersion und desto besser lassen sich Ängste konfrontieren. Ich will das am Beispiel der Höhenangst erörtern: Ein von vielen Höhenangstpatienten geäußerter Angstgedanke ist, dass einen die Tiefe nach unten ziehen könnte, auch „Call of the Void“, also der Ruf der Leere genannt. Diese kann so weit gehen, dass Höhenangstpatienten überzeugt davon sind, die Kontrolle über sich zu verlieren und einfach nach unten zu springen. Ein Ziel der Konfrontation ist es, den Inhalt dieser Angst zu überprüfen. Das geht natürlich nur, wenn das die VR-Umgebung zulässt.

In diesem Fall also ganz nahe zum Abgrund zu gehen, um so erfahren zu können, dass man nicht springen wird – sondern dass sogar das Gegenteil der Fall ist: Die meisten Höhenangstpatienten schaffen es am Anfang gar nicht, sich soweit dem Abgrund zu nähern, um überhaupt springen zu können. Solche Lernerfahrungen lassen sich nur in Szenarien machen, die derartige Interaktionen auch erlauben.

Eher ungeeignet für die Konfrontation von Höhenangst sind deswegen Brillen, welche nur 3DoF haben oder 360-Grad-Videos, welche keinen 3D-Effekt bieten und ebenso nur 3DoF aufweisen, da sie die für die Höhenangst wichtigen Erfahrungen nicht zulassen.

Aus einem ähnlichen Grund lassen sich Insektenphobien mit VR deutlich besser behandeln als andere Tierphobien wie zum Beispiel die Hundephobie. Insekten reagieren nämlich kaum auf Menschen und haben ein weit weniger komplexes Verhalten. Um eine Spinne ausreichend immersiv darzustellen, sollte sie sich realistisch bewegen, ein zufälliges (nicht vorhersehbares) Bewegungsmuster aufweisen und Dingen wie z. B. der Hand des Patienten ausweichen können.

Hunde hingegen weisen ein weit vielfältigeres Verhalten auf und reagieren mehr auf Menschen; entsprechend sind auch die Ängste Betroffener „interaktiver“. Bei der Spinnenphobie reicht es schon, dass die Spinne einfach da ist, bei der Hundephobie gehen die Angstgedanken mehr in Richtung „er könnte auf mich zulaufen, an mir hochspringen, mich ablecken oder mich beißen“. Eine natürliche Mensch-Hund-Interaktion in VR zu simulieren, ist entsprechend viel schwieriger und aufwendiger. Einfache Dinge, wie dass der Hund am Patienten vorbeigeht und bestimmte Verhaltensweisen zeigt, lassen sich simulieren, komplexere Interaktionen aber kaum, bzw. wäre mir kein entsprechendes Programm bekannt. Entsprechend werden sich viele der oben erwähnten Angstgedanken in VR nur eingeschränkt falsifizieren lassen.

360-Grad-Videos hingegen können Verhalten naturgetreu wiedergeben. Allerdings ist der Patient hier immer nur Zuschauer und nicht handelndes Subjekt, worunter die Immersion leidet. Außerdem verlieren Videos nach einmaligem Sehen viel von ihrem Angstpotenzial, da der Patient schon weiß, was passieren wird und die Unvorhersehbarkeit, die bei Tierphobien zentral ist, verloren geht.

Bei der Klaustrophobie spielt die Stärke der Störung für die Anwendbarkeit der Konfrontation in VR eine entscheidende Rolle. Es gibt Patienten, bei denen die Angst schon ausgelöst wird, wenn sie sich in einem Raum mit geschlossenen Türen befinden.

Bei anderen passiert das erst, wenn die Türe abgesperrt ist. Bei wieder anderen erst, wenn sie tatsächlich sicher sind, dass es keine Möglichkeit gibt, den Raum zu verlassen (zum Beispiel, wenn sie in einem Aufzug stecken bleiben). Daraus lassen sich zwei für die VR-Behandlung relevanten Intensitäten ableiten: Bei der „starken" Klaustrophobie reicht schon der optische Eindruck (Tür ist zu), um die Angst auszulösen, obwohl jederzeit die Möglichkeit bestünde, diese zu öffnen und hinauszugelangen. Dieser Typ lässt sich ausgezeichnet mit VR konfrontieren, da dieser Eindruck mit der VR-Brille visuell erzeugt werden kann. Bei der zweiten Intensität, bei der sich der Betroffene sicher sein muss, dass er tatsächlich nicht hinaus kann, lösen VR-Umgebungen meist weniger Angst aus, da das Wissen vorhanden ist, die Brille theoretisch absetzen und sich so leicht aus der Situation befreien zu können.

Aus den obigen Ausführungen wird klar, dass VR-Brillen ein wertvolles Hilfsmittel aber kein Allheilmittel sind. In vielen Fällen erleichtern sie die Konfrontation oder ermöglichen sie überhaupt erst, manchmal sind sie aber auch nur eingeschränkt einzusetzen, und es sind zusätzlich andere Techniken wie Konfrontation in sensu oder in vivo zu empfehlen.

6 Das Fünf-Schritte-Programm-Therapiemanual

Dieser Abschnitt soll angehenden VR-Therapeuten und -Therapeutinnen einen Leitfaden und Orientierung für die Durchführung einer Konfrontationstherapie mit VR bieten. Zunächst wird ein Fünf-Schritte-Programm vorgestellt, das dann anhand der Flugangst und der sozialen Phobie näher erläutert wird. Am Ende wird auf typische Fragen und Ängste in Bezug auf (VR-)Konfrontationstherapie eingegangen und die wichtigsten Stolperfallen besprochen.

Das Therapiemanual orientiert sich grundsätzlich an der kognitiven Verhaltenstherapien. Meine Beobachtungen, Tipps und Hinweise resultieren aus der Erfahrung von mir und meinen Kolleginnen und decken sich größtenteils mit den Erkenntnissen aus der Forschung. Trotzdem will ich betonen, dass es sich um Erfahrungswerte und keine wissenschaftlichen Erkenntnisse handelt. In der Praxis ist die Machbarkeit meist wichtiger als die maximale Effektivität, weswegen es durchaus Abweichung zur herrschenden Lehrmeinung geben kann. Ich fokussiere mich außerdem vor allem auf die Konfrontation in VR. Alle anderen Teile der Behandlung lassen sich aber in entsprechender Fachliteratur sehr gut nachlesen.

Die Konfrontationstherapie ist eine der klassischen Methoden der Verhaltenstherapie und gilt als die wirksamste Behandlung bei Angststörungen (Hoffman und Smits 2008; Wolitzky-Taylor et al., 2008). In meiner Praxis hat sich gezeigt, dass je nach Störungsbild und Patient eine gewisse Flexibilität in den Methoden von Vorteil sein kann. So wende ich neben der Konfrontationstherapie auch kognitive Techniken und biofeedbackgestützte Entspannungstechniken an. Diese dienen vor allem der Vorbereitung auf die für den Patienten oft sehr intensiven Konfrontationseinheiten.

Ein strukturierter, modularer Aufbau der Behandlung bietet viele Vorteile. Als Therapeut hat man einen Fahrplan, an den man sich halten kann, was gerade zu Beginn eine große Hilfe ist und es leichter macht, alle wesentlichen Dinge im Auge zu behalten und nichts Wichtiges zu vergessen. Der modulare Aufbau ermöglicht es, bei Bedarf auch bestimmte Schritte zu überspringen oder eine andere Reihenfolge vorzunehmen. Es muss und soll sich also nicht starr an den vorgegebenen Ablauf gehalten werden; der Patient steht immer im Mittelpunkt und das Programm sollte möglichst gut an seine Bedürfnisse angepasst werden.

Da die Konfrontationstherapie ein hohes Maß an Vertrauen erfordert (der Patient begibt sich immerhin mit seinen schlimmsten Ängsten in die Arme des Therapeuten) aber oft nicht sehr viel Zeit in Anspruch nehmen muss, ist ein möglichst schneller Vertrauens- und Beziehungsaufbau unabdingbar.

Für den Patienten bietet ein strukturierter Therapieablauf ein Gefühl von Transparenz und Sicherheit. Es wird eine gemeinsame Arbeitsatmosphäre aufgebaut, innerhalb der der Therapeut und der Patient auf Augenhöhe und als Verbündete an der Lösung arbeiten. Um diesen Effekt zu unterstreichen, sitze ich mit meinen Patienten gemeinsam an einem runden Tisch. Sämtliche Notizen mache ich auf einem für den Patienten einsehbaren Bildschirm, der ebenfalls auf dem Tisch steht. Zu guter Letzt vermittelt ein strukturierter Ablauf auch das Gefühl von Kompetenz. Der Patient hat das Gefühl, dass der Therapeut einen „Plan hat" – er also genau weiß, was er tut.

Das Fünf-Schritte-Programm nimmt bei den meisten spezifischen Phobien 8–10 Sitzungen in Anspruch. Die soziale Phobie ist meist komplexer und tiefgreifender und oft ist auch der Selbstwert betroffen, entsprechend sollten zumindest 14–18 Sitzungen kalkuliert werden.

6.1 Anamnese

Jede psychologische Behandlung beginnt mit einer gründlichen Anamnese. Bei Verdacht auf eine Angststörung empfiehlt sich zum Beispiel das strukturierte Interview SKID-I Angststörungen (Wittchen et al. 1997). Bei Angststörungen, allen voran der Panikstörung, ist es wichtig, mögliche körperlichen Ursachen auszuschließen, da auch Angst und Panik deutliche körperliche Reaktionen hervorrufen können, welche oft nur schwer von somatischen Erkrankungen abzugrenzen sind. Bei Verdacht auf eine Panikstörung sollte deswegen vor Behandlungsbeginn grundsätzlich immer ein Internist aufgesucht werden (was die Patienten aber meist sowieso schon getan haben), aber auch bei anderen Angststörungen vorkommende Symptomatiken wie Schwäche, Ohnmacht, Schwindel, Zittern, Übelkeit, Kopfschmerzen, Schlafstörungen und mehr sollten ärztlich abgeklärt werden.

Ebenso wichtig ist das Abklären von Substanzmissbrauch. Bei vielen Angsterkrankten besteht eine Benzodiazepinsucht und vor allem Sozialphobiker neigen zur Selbstmedikation mit Alkohol. Es ist davon auszugehen, dass bei gleichzeitiger

Einnahme von Beruhigungsmitteln die Konfrontation weniger effektiv ist. Auch auf übermäßigen Konsum von Koffein sollte geachtet werden. Angststörungen weisen hohe Komorbiditäten mit anderen psychischen Störungen auf, welche unbedingt abgeklärt gehören.

Im weiteren Verlauf sollte dann spezifisch auf die Pathogenese der Angst, körperliche Angstreaktionen, Sicherheitsverhalten und Vermeidungsverhalten eingegangen werden.

Am Schluss der Anamnese definiere ich die Ziele für die Behandlung und gleiche die Erwartungen des Patienten mit den zu erwartenden Therapieerfolgen ab. Auch sollte genug Platz für Fragen des Patienten sein und etwaige Ängste und Zweifel bezüglich der Behandlung ausgeräumt werden.

6.2 Psychoedukation

Bei der Psychoedukation geht es um die Aufklärung des Patienten über seine Angsterkrankung. Die wichtigsten Ziele der Psychoedukation sind, ein Verständnis über die generellen Wirkmechanismen von Angst und deren körperlichen und psychischen Auswirkungen zu vermitteln, um so die eignen Angstreaktionen besser kennenzulernen und einschätzen zu können. Denn mit der Aufklärung verhält es sich wie mit der Konfrontation: Je mehr man sich mit etwas beschäftigt, desto vorhersehbarer und kontrollierbarer wird es und löst entsprechend weniger Angst aus.

Um die Psychoedukation möglichst anschaulich zu gestalten, sollte sie am besten an die spezifische Problematik des Patienten angepasst werden, welche zuvor in der Anamnese erhoben wurde.

Um die Genese einer Angststörung zu erklären, kann das Biopsychosoziale Modell als auch das Diathese-Stress-Modell eingesetzt werden. Es sollte ein grober Überblick über die Abläufe im Gehirn als auch der hormonellen Veränderungen und die damit einhergehenden psychophysiologischen Veränderung im Körper bei einer Angstreaktion gegeben werden. Ebenso wichtig ist der Angst oder auch Panikkreislauf und das Erklären der Auswirkungen von Sicherheitsverhalten und Vermeidungsverhalten auf die Entwicklung der Angststörung. Vor allem bei Panikattacken ist es sinnvoll, auf die Hyperventilation einzugehen. Generell gilt, die Psychoedukation möglichst gut an das Vorwissen des Patienten anzupassen. Es geht nicht darum, die Zusammenhänge zu 100 % wissenschaftlich korrekt darzustellen, sondern ein Verständnis der Problematik und damit eine hohe Therapiemotivation beim Patienten zu erreichen. Um die Zusammenhänge gut und verständlich erklären zu können, ist ein akkurates und umfängliches Wissen der psychischen, neurologischen und physiologischen Abläufe auf Therapeutenseite von Nöten, die den Umfang dieses Kapitels überschreiten würden. Entsprechend empfehle ich die Literatur psychologischer Lehrbücher zum Thema Angststörungen.

6.3 Kognitives Bearbeiten der Angstgedanken

Im nächsten Schritt geht es um das kognitive Bearbeiten der Angstgedanken und das Verständnis der konkreten Zusammenhänge zwischen Angstgedanken, körperlichen Reaktionen, Sicherheitsverhalten und Vermeidungsverhalten. Dabei werden zunächst alle Angstgedanken aufgelistet und dann auf deren Rationalität hin analysiert. Hilfreich ist dabei eine Art sokratischer Dialog, in dem Angstgedanken, die der Patient oft ungeprüft akzeptiert, zunächst gemeinsam infrage gestellt werden und dann durch adäquatere Gedanken ersetzt werden. Ich will das Ganze an dem Beispiel eines typischen Angstgedankens bei der Flugangst (die Angst, eingesperrt zu sein und nicht herauszukommen) veranschaulichen.

Beispiel

Patient: Die Vorstellung über Stunden hinweg in einem Flugzeug eingesperrt zu sein und mich ständig kontrollieren zu müssen, um keine Panikattacke zu bekommen, das schaffe ich nie.

Therapeut: Ok, da sehe ich jetzt eigentlich mehr als einen Angstgedanken. Die Angst eingesperrt zu sein, die Angst sich nicht kontrollieren zu können, die Angst eine Panikattacke zu bekommen. Fangen wir vielleicht mit der Angst an sich an. Was ist deiner Meinung nach die Funktion von Angst?

Patient: Einen auf etwas Gefährliches hinzuweisen und über das Stresssystem den Körper leistungsfähig zu machen.

Therapeut: Genau. Wäre es denn gefährlich, eine Panikattacke im Flugzeug zu bekommen?

Patient: Naja, gefährlich nicht direkt, aber sehr schlimm. Was, wenn ich die Beherrschung verliere?

Therapeut: Ja, eine Panikattacke ist ein furchtbarer Zustand, aber du hast Recht, gefährlich ist sie nicht. Was wäre denn, wenn du die Beherrschung verlierst?

Patient: Naja, dann würde ich vielleicht beginnen zu hyperventilieren, nervös zu werden, mich zu verkrampfen, vielleicht würde mein Sitznachbar das mitbekommen und denken, ich bin kindisch.

Therapeut: Das hört sich wieder sehr unangenehm an. Aber gefährlich finde ich auch das nicht. Was würdest denn du denken, wenn dein Sitznachbar solche Zustände hat?

Patient: Hmm, ich würde mir denken, der Arme hat Angst. Vielleicht würde ich ihn fragen, ob ich ihm helfen kann.

Therapeut: Du würdest ihn also nicht für kindisch halten?

Patient: Nein, natürlich nicht. Ich weiß ja, wie das ist mit der Angst.

Therapeut: Wie ist es mit der Angst, eingesperrt zu sein? Warum musst du denn überhaupt die Möglichkeit haben, das Flugzeug zu verlassen?

Patient: Naja, weil ich eben sonst eine Panikattacke bekomme. Hmm, aber ja, eigentlich wäre es ja auch egal. Die Panikattacke ist im Flugzeug genau so wenig gefährlich und genauso unangenehm wie irgendwo anders auch.

Therapeut: Eigentlich klingt mir das alles nach Dingen, die zwar sehr unangenehm sein können, aber durchaus machbar sind – also eigentlich kein Grund besteht, davor Angst zu haben.

Patient: Ja stimmt, so habe ich das eigentlich noch nie gesehen. Jetzt hätte ich fast Lust, das direkt einmal auszuprobieren, um zu sehen, ob ich das durchhalten kann. ◄

Auf diese Weise sollten alle Angstgedanken des Patienten bearbeitet werden. Im nächsten Schritt werden dann mit der Angst assoziierte Körpersymptome gesammelt und damit ähnlich verfahren. Dann sollten die Sicherheitsverhalten durchgearbeitet werden. Hier ist die Erkenntnis wichtig, dass Sicherheitsverhalten zwar kurzzeitig eine Abschwächung der Angst bewirken können, langfristig aber die Angst eher verstärken. Ein typisches Sicherheitsverhalten für jemand mit Höhenangst wäre zum Beispiel, im Flugzeug nicht am Fenster zu sitzen. Der dahinter liegende Angstgedanken ist, dass beim Anblick der Tiefe Angstzustände auftreten und nicht aushaltbar wären. Durch das konsequente Vermeiden kann der Patient aber nicht die Erfahrung machen, dass es vielleicht gar nicht so schlimm wäre, wie gedacht. Wenn er den Flug dann meistert, ist er nicht selbstbewusster geworden. Er hat ihn ja nur gemeistert, weil er es vermieden hat, aus dem Fenster zu schauen. Das gleiche gilt für Vermeidungsverhalten. Oft ist es nicht ganz leicht, Sicherheitsverhalten von Vermeidungsverhalten abzugrenzen. Ich halte mich dabei immer an folgende Richtlinie: Vermeidungsverhalten ist es, wenn die angstauslösende Situation an sich vermieden wird. Bei der Flugphobie gibt es im Endeffekt nur ein Vermeidungsverhalten, nämlich nicht zu fliegen. Sicherheitsverhalten hingegen werden in der angstauslösenden Situation gezeigt und machen diese erträglicher.

Am Ende dieses Schrittes sollte sich der Patient über die Rationalität seiner Angstgedanken bewusst sein und die Zusammenhänge zwischen den Angstgedanken, den Körpersymptomen und den Vermeidungs- und Sicherheitsverhalten verstanden haben.

6.4 Entspannungsmethoden und Biofeedback

Entspannungsmethoden sind eine beliebte und oft eingesetzte Technik bei Angststörungen. Sie können zu drei verschiedenen Zwecken eingesetzt werden. Zum einen ist es sinnvoll eine Entspannungsmethode zu erlernen, welche regelmäßig geübt und verwendet werden kann, um das generelle Stressniveau zu senken. Dafür eignet sich zum Beispiel die Progressive Muskelrelaxation (PMR) nach Jacobson oder auch das Autogene Training.

Zum anderen kommt es bei vielen Angstpatienten zu muskulären Verspannungen. Auch hier eignet sich die PMR sehr gut, da diese auf ein aktives Entspannen der Muskulatur abzielt. Die PMR sollte ein- bis zweimal gemeinsam mit dem Patienten eingeübt werden. Dann kann sie unter Zuhilfenahme von entsprechenden Audiodateien auch zu Hause selbst durchgeführt werden.

Der dritte Zweck ist der Einsatz der Entspannungsübung vor und während der Exposition. In den meisten Fällen eignet sich dafür die Bauchatmung am besten, da sie einfach durchzuführen, sehr effektiv und flexibel ist.

In der Fachliteratur wird der Einsatz von Entspannungsverfahren während der Exposition kontrovers diskutiert und es scheint für die Effektivität der Exposition keinen Unterschied zu machen, ob währenddessen eine Entspannungsübung gemacht wird oder nicht. Für Patienten hat das Konzept des Entspannens während der Konfrontation aber eine hohe Augenscheinvalidität und erhöht die Selbstwirksamkeit als auch die Therapiemotivation. Ebenso ist für die PMR als auch die Bauchatmung erwiesen, dass sie Angstsymptome reduzieren können (Chen et al. 2017; Lange 2019), und eine Kontraindikation gibt es keine. Insofern bleibt es schlussendlich eine individuelle Entscheidung des Therapeuten, ob eine Entspannungsübung während der Exposition angewendet wird.

Eine häufige Frage von Patienten ist, ob die Entspannungstechnik nicht ein Sicherheitsverhalten ist und sich so negativ auf den Erfolg der Konfrontation auswirkt. Hier ist es hilfreich, Sicherheitsverhalten als Verhalten zu definieren, das nur aufgrund der Angst gezeigt wird – eine ruhige und lockere Bauchatmung hätte man aber sowieso, wenn man keine Angst hätte. Insofern ist die Bauchatmung eine „normale" Reaktion in der angstauslösenden Situation.

Ich verwende für das Erlernen der Bauchatmung meist ein Biofeedbackgerät, um das Üben zu unterstützen und Erfolge zu visualisieren. Am besten geeignet ist hier sicher die Herzratenvariabilität (HRV), da sie ein gutes Maß für das Stresslevel ist. Außerdem lässt sich über die respiratorische Sinusarrhythmie der Einfluss der Atmung auf das vegetative Nervensystem (insbesondere den Puls) direkt sichtbar machen. Die Bauchatmung an sich ist nicht schwer zu erlernen. Beim Einatmen sollte sich der Bauch leicht nach außen wölben und beim Ausatmen wieder nach innen gehen. Dabei sollte auf einen gleichmäßigen, nicht zu tiefen und nicht zu flachen Rhythmus geachtet werden. Die Bauchatmung sollte über mehrere Wochen am besten täglich zu Hause geübt werden. Entspannungsmethoden können nur dann erfolgreich zur Angstreduktion eingesetzt werden, wenn sie auch ausreichend geübt wurden.

6.5 Konfrontation

Der letzte und wichtigste Schritt des Fünf-Punkte-Programms ist die Konfrontation mit dem angstauslösenden Reiz. Sie nimmt meist mindestens 50 % der gesamten Therapie in Anspruch. Die Konfrontation wird seit geraumer Zeit als eines der wirksamsten Verfahren für die Behandlung von Angststörungen angesehen. Als Wirkmechanismus galt lange die Habituation, also die Gewöhnung an den angstauslösenden Reiz. Neuere Theorien gehen aber eher davon aus, dass es bei der Konfrontation zu kognitiven Neubewertungen des Reizes kommt, sich also neue, den alten Ängsten entgegenlaufende

Gedächtnisinhalte bilden und mit diesen in Konkurrenz treten (Craske et al. 2012). Da die alten angstauslösenden Gedächtnisinhalte nicht überschrieben oder gelöscht werden, können Angststörungen auch nach erfolgreicher Therapie wieder zurückkommen. Aus diesem Grund bieten wir ein kostenloses Nachsorgegespräch ein halbes Jahr nach Therapieende an, um Rückfalltendenzen zu minimieren.

An die Konfrontation gibt es zwei unterschiedliche Herangehensweisen, die beide ihre Vor- und Nachteile haben. Da wäre zum einen die „massierte" Konfrontation und zum anderen die graduierte Konfrontation.

Bei der massierten Konfrontation wird der Patient so lange mit dem maximal angstauslösenden Reiz konfrontiert, bis es zu einem Abklingen der Angstreaktion kommt. Wichtig ist, dass der Patient auch so lange durchhält. Kommt es schon vor dem Abklingen der Angstreaktion zu einem Abbruch der Konfrontation, droht im schlimmsten Fall eine Verstärkung der bestehenden Angst. Deswegen wird meist vorher eine Art Vertrag aufgesetzt, die es dem Patienten unter allen Umständen verbietet, die Situation vorzeitig zu verlassen. Die massierte Konfrontation gilt als etwas effektiver als die graduierte Konfrontation, und oft reicht eine einmalige Konfrontation, um deutliche Verbesserungen zu erzielen.

Das große Problem ist allerdings die Frage der Zumutbarkeit für die Patienten. Aus meiner praktischen Erfahrung heraus bin ich mir sicher, dass sich die meisten Angstpatienten nicht auf eine massierte Konfrontation einlassen würden. Das ist der Grund, warum abseits von wissenschaftlichen Untersuchungen fast nur mit der graduierten Exposition gearbeitet wird. Bei dieser wird die Intensität der angstauslösenden Reize über die Zeit gesteigert, bis die gewünschte Intensität erreicht wird. Das passiert meist über den Zeitraum mehrerer Sitzungen.

Die virtuelle Realität lässt sich im Rahmen einer graduierten Konfrontation optimal einsetzen und stellt eine exzellente Vorstufe für die Konfrontation in vivo dar.

Startpunkt einer graduierten Konfrontation können z. B. Bilder sein. Zeichnungen sind generell einfacher als Fotos und je detaillierter die Fotos, desto schwieriger wird die Konfrontation für die Betroffenen. Es empfiehlt sich, schon vorsortierte Bilder für die häufigsten Phobien bereitzuhaben. Im nächsten Schritt arbeite ich meistens mit Videos. Auch hier lässt sich noch einmal zwischen verschiedenen Intensitäten abstufen. Ähnlich wie bei den Bildern gilt, je detaillierter das Video die spezifische Angst zeigt, desto schwieriger. Je nach Phobie sind Bilder und Videos unterschiedlich sinnvoll. Bei Phobien, die nicht nur Angst, sondern auch Ekel auslösen wie viele Tier- und Insektenphobien, die Blut-Spritzen- und Verletzungsphobie oder auch die Emetophobie, wirken Bilder und Videos besonders gut. Bei situativen Ängsten lösen sie eher weniger aus.

Nach dem erfolgreichen Meistern von Videos ist die nächste Stufe meist die virtuelle Realität. Oft lässt sich nicht genau sagen ob 360-Grad-Videos oder 3D-Umgebungen mehr Angst auslösen. Tatsache ist, dass sich 3D-Umgebungen besser graduieren lassen. So kann man mit unserer am häufigsten genutzten Höhenangst-Umgebung stufenlos Meter für Meter an einer Hochhausfassade nach oben fahren, bei der Spinnenphobie-Umgebung immer mehr und größere Spinnen mit immer geringerem Abstand über den

Tisch krabbeln lassen oder bei der Hundephobie-Umgebung den Hund zunächst mit Leine und Herrchen, dann ohne Leine und dann ganz alleine am Patienten vorbeigehen lassen.

Durch das Durchlaufen der verschiedenen Stufen hat sich die Angstreaktion meist schon soweit gebessert, dass sich unsere Patienten im letzten Schritt auch eine Konfrontation in vivo zutrauen. Oft ist die Konfrontation in vivo nicht mehr nötig, allerdings ist es als Abschluss für die Patienten recht eindrucksvoll, ihre Ängste dann auch in der echten Situation zu meistern und zu sehen, dass der Transfair von virtuell zu real funktioniert.

6.6 Flugangst

Die Angst vor dem Fliegen ist mitnichten, wie vielleicht viele vermuten würden, nur die Angst vor dem Abstürzen. Es gibt mehrere Ängste, welche generell voneinander unabhängig sind – aber auch gemeinsam auftreten können. Dazu gehören außer der Angst vor dem Abstürzen die Angst vor der Höhe, die Angst eingesperrt zu sein und die Angst, den Zustand der Angst nicht lange genug ertragen zu können. Manchmal können auch gänzlich andere Ängste für das Vermeiden des Fliegens verantwortlich sein. Viele Emetophobiker vermeiden zum Beispiel das Fliegen, weil sie Turbulenzen mit Übelkeit und Erbrechen verbinden.

In der Anamnese ist es deshalb wichtig herauszufinden, um welche Angst es tatsächlich geht und ob eine Kombination verschiedener Ängste vorliegt, da dies für den weiteren Verlauf der Behandlung entscheidend ist.

6.6.1 Die drei Arten der Flugangst

Im Weiteren will ich etwas näher auf die verschiedenen Ängste eingehen, um die Unterscheidung möglichst zu erleichtern.

Patienten, die Angst vor dem Abstürzen haben, zeichnen sich oft durch ein generelles Misstrauen von Mensch und Technik aus. Wenn Fliegen nicht vermieden wird, bestehen meist eine Reihe von Sicherheitsverhalten: Betroffene fliegen nur mit vermeintlich sichereren Airlines (keine Billigairlines); schon Tage vorher wird das Wetter beobachtet und die Flugverbindung genau studiert; es wird sich über den Flugzeugtyp informiert und potenzielle Unfallursachen werden recherchiert; kleine Planänderungen oder Abweichungen (z. B. wenn das Flugzeug Verspätung hat) werden als Hinweise auf eine mögliche Katastrophe gedeutet; es gibt Tendenzen zum magisches Denken (z. B. die Überzeugung, Angst haben zu müssen, im Sinne von das Schicksal nicht herausfordern zu dürfen – ansonsten droht die Katastrophe; Glücksbringer; entsprechende Routinen und Abläufe, die genau eingehalten werden müssen; spezifische Sitzplatzwahl). Das Flugpersonal wird genau beobachtet, um keine Hinweise auf ein mögliches Problem zu übersehen; es wird auf die Geräuschkulisse und andere sicherheitsrelevante Dinge geachtet. Die größte Angst empfinden Betroffene beim Start, bei schlechtem Wetter und bei Turbulenzen.

Die Angst vor der Höhe zeichnet sich vor allem durch starke körperliche Reaktionen aus. Betroffene neigen zum Hyperventilieren, zu Schwindelgefühlen und zu starken Verspannungen. Das Wissen, dass es unter einem 10.000 m nach unten geht, ist unerträglich und oft treten irrationale Angstgedanken auf, wie die Vorstellung, einfach durch das Flugzeug nach unten fallen zu können (ähnlich dem Call of the Void). Durch die starke körperliche Komponente wird ein Flug als extreme Belastung erlebt. Normalerweise lösen kurze Flüge entsprechend weniger Ängste aus als längere Flüge.

Die Angst, eingesperrt zu sein und nicht wegzukommen, geht oft mit der Angst einher, eine Panikattacke zu bekommen oder die Beherrschung zu verlieren und diesen Zustand nicht lange ertragen zu können. Ähnlich wie bei der Höhenangst kommt es auch hier zu starken körperlichen Reaktionen. Typisch sind Übelkeit, starke muskuläre Anspannung, Hitzeschübe, Herzklopfen, Verdauungsbeschwerden, Mundtrockenheit, Schwindel und Hyperventilation. Bei stark Betroffenen können auch Panikattacken auftreten.

Personen, welche sich schon im Flugzeug befinden und dann im letzten Moment wieder aussteigen, leiden meist unter Klaustrophobie, der Angst, eingesperrt zu sein und nicht wegzukommen. Typische Sicherheitsverhalten sind Ablenkung (reden, Musik hören, Filme schauen etc.), Kaugummi kauen (wegen der Mundtrockenheit), Wasser trinken oder am Gang und möglichst nahe am Ausgang sitzen. Kurze Flüge (unter zwei Stunden) werden oft als weniger schlimm betrachtet.

Die Vorstellung eines Transatlantikfluges, bei dem man mindestens acht Stunden in einem Flugzeug eingesperrt sein wird, ist für die meisten Betroffenen unvorstellbar. Die Angst, eingesperrt zu sein und nicht wegzukommen, kann auch in anderen Situationen (z. B. Lift, öffentliche Verkehrsmittel, Tunnel, Autobahn, MRT etc.) auftreten, welche mit abgefragt werden sollten.

In der Praxis sind auch oft Mischformen anzutreffen, bei denen dann jede Angst gesondert behandelt werden sollte.

6.6.2 Therapie

Grundsätzlich ist für alle drei Arten der Flugangst das oben beschriebene Fünf-Schritte-Programm sehr gut anwendbar. Die Unterschiede finden sich dann im Detail.

In der Anamnese geht es wie oben beschrieben hauptsächlich darum, die Art der Flugangst zu bestimmen. In der Psychoedukation gilt es, dann schon zwischen den einzelnen Arten zu unterscheiden. Generell sollte neben der normalen Angst-Psychoedukation auch zusätzlich Wissen über das Fliegen vermitteln werden (die Physik des Fliegens, Turbulenzen, Hochdruck, Tiefdruck, Absturzwahrscheinlichkeit etc.). Dies ist besonders für die Absturzangst relevant. Ein kleiner Exkurs zu Heuristiken und der Unfähigkeit des Menschen, Wahrscheinlichkeiten vernünftig einzuschätzen (durch die mediale Aufmerksamkeit, die Flugunfälle verursachen, entsteht ein falscher Eindruck der tatsächlichen Gefahr) ist ebenso sinnvoll. Ich stelle hier immer gerne die Zahl von sich gleichzeitig in der Luft befindlichen Flugzeugen (das können an einem guten Tag leicht über 150.000 sein) den Todesfällen (die im Schnitt bei ca. 600 im Jahr liegen) gegenüber.

Bei der Höhenangst sollte spezifisch auf die Hintergründe und vor allem die möglichen körperlichen Symptomatik der Höhenangst eingegangen werden. Bei der Angst, eingesperrt zu sein und nicht wegzukommen, ist ein tieferes Einsteigen in die Materie Klaustrophobie und Panikattacken und deren körperliche Auswirkungen sinnvoll.

Beim KVT-Modell ist es wichtig auf die spezifischen Angstgedanken einzugehen und diese gemeinsam mit dem Patienten zu widerlegen. Der Teufelskreis aus Angstgedanken und deren Bestätigung durch Sicherheitsverhalten sollte aufgezeigt werden. Eine meiner Patientinnen hatte ihre erste Panikattacke während eines Fluges, in dem sie auf der rechten Seite saß. Seither buchte sie sich immer einen Platz auf der linken Seite. Der dahinter liegende Angstgedanke ist, dass sie auf der rechten Seite mit einer höheren Wahrscheinlichkeit eine Panikattacke bekommen wird. Dadurch, dass sie das aber nie überprüfte und ihren Sitzplatz immer auf der linken Seite buchte, blieb dieser Angstgedanke auch nach erfolgreich gemeisterten Flügen bestehen.

Entspannungstechniken sind vor allem bei der Angst, eingesperrt zu sein und nicht wegzukönnen, essenziell. Bei der Konfrontation ist unbedingt zwischen den drei Kategorien zu unterscheiden.

Ist die zugrunde liegende Angst die Angst vor der Höhe, sollte diese auch zuerst konfrontiert werden. Ich verwende hier am liebsten den schon erwähnten Fensterputzer-Aufzug, mit dem man stufenlos an einer Hochhausfassade hinauffahren kann. Zusätzlich besteht die Möglichkeit, eine Luke nach unten zu klappen und auf dieser einen Meter nach vorne zu balancieren. Bei den meisten Patienten mit Höhenangst lösen Bilder und Videos eher wenig aus, weswegen ich fast immer direkt mit der VR-Umgebung starte. Aufgrund der stufenlosen Höheneinstellung kann man das Angstlevel beliebig anpassen. Ein typisches Phänomen, das ich vor allem bei der Höhenangst beobachte, ist, dass Angst oft in Wellen kommt. Das führt dazu, dass sich auch in Phasen mit einem relativ geringen Angstlevel eine gewisse Erwartungsangst vor der nächsten Welle bildet und die Konfrontation sehr anstrengend ist. Deswegen ist es wichtig, nach einer gewissen Zeit eine Pause einzulegen (nach ca. 45 min Konfrontation sind 5 min Pause gut). Oft ist nach der Pause bei erneuter Konfrontation das Angstlevel deutlich niedriger, was sich positiv auf die Motivation des Patienten auswirkt.

Die Höhenangst lässt sich auf verschiedene Arten konfrontieren: Zunächst natürlich über die Höhe, je höher, desto intensiver die gefühlte Angst. Aber Vorsicht, schon eine kleine Veränderung der Perspektive kann die Angst deutlich steigen lassen. Deswegen kann schon eine Steigerung von einem Meter eine große Herausforderung darstellen.

Eine weitere Möglichkeit ist das Konfrontieren von Angstgedanken. Viele Patienten fühlen sich unsicher auf den Beinen und haben Angst umzufallen, was dazu führt, dass sie meist wie versteinert an einem Fleck stehen. Um diese Überzeugung zu widerlegen, können Gleichgewichtsübungen gemacht werden, wie auf einem Bein zu balancieren, und die Patienten motiviert werden, sich zu bewegen.

Eine dritte Möglichkeit besteht, sich dem Abgrund immer weiter anzunähern. Ein weiteres Sicherheitsverhalten welches oft aus der Angst vor Schwindel resultiert ist ein starrer Blick geradeaus. Hier sollte der Patient motiviert werden, den Blick schweifen zu lassen und nach oben als auch nach unten zu sehen. Generell gilt, dass alle Sicherheitsverhalten möglichst abgelegt werden und alle Angstgedanken konfrontiert werden sollten.

Während der Konfrontation sollte immer wieder das Angstlevel auf einer Skala von 1–10 abgefragt werden, um sicherzustellen, dass das Angstniveau in einem hohen, aber noch erträglichen Bereich liegt. Gerade bei der Höhenangst weisen die Patienten eine hohe Motivation auf. Das führt zu hohen Erwartungen und zu Enttäuschungen, wenn die selbst gesteckten Ziele nicht erreicht werden. Erklären Sie Ihren Patienten, dass es nicht darum geht, möglichst schnell ganz nach oben zu kommen oder in Rekordzeit ein niedriges Angstlevel zu erreichen. Es geht vielmehr darum, die Angst auszuhalten und die Erfahrung zu machen, dass dies ohne Flucht und Sicherheitsverhalten möglich ist. Dabei muss es nicht zwangsläufig zu einer signifikanten Angstreduktion während einer Sitzung kommen. Schlussendlich ist es auch egal, ob man diese Erfahrung auf fünf Metern oder auf hundert Metern macht. Ebenso wichtig ist es darauf hinzuweisen, dass das Angstempfinden nicht immer gleich ist und von verschiedenen Faktoren wie dem generellen Stresslevel, Schlaf, Sorgen, Gesundheit etc. abhängt. Deswegen kann es durchaus vorkommen, bei einem Termin zunächst wieder mehr Angst zu empfinden als bei dem Termin davor. Dies bedeutet keinen Rückfall, sondern ist Teil der natürlichen Schwankung. Ist die Höhenangst im Griff, kann im Anschluss das Fliegen selbst konfrontiert werden.

Bei der Angst, eingesperrt zu sein und nicht wegzukommen, ist zunächst eine Panikexposition sinnvoll (vor allem wenn auch Panikattacken auftreten oder zumindest die Angst davor besteht). Dabei geht es darum, das Vertrauen in den eigenen Körper wiederzugewinnen. Zunächst sollte die Bauchatmung gut geübt werden, um ein verlässliches Tool zur Selbstberuhigung zur Verfügung zu haben.

Dann werden typische Körpergefühle, die mit der Angst oder einer Panikattacke assoziiert werden, konfrontiert. Kribbeln, Taubheitsgefühle und Schwindel lassen sich sehr gut über die Hyperventilation erzeugen. Hoher Puls, Herzrasen über Treppenlaufen, das Gefühl, zu wenig Luft zu erwischen, über das Atmen durch einen Strohhalm. Hitzegefühle durch das Anspannen der gesamten Muskulatur etc. Der Fantasie des Therapeuten sind hier keine Grenzen gesetzt. Auch bei der Panikexposition lässt sich die VR-Brille sinnvoll einsetzen. Ein geschickter Therapeut macht sich hier die eigentlich negativen Eigenschaften der VR zunutze. So kann man mit schnellen Kamerafahrten ausgezeichnet Übelkeit hervorrufen (VR-Achterbahnen eignen sich dabei besonders gut) und in Umgebungen, in denen man sich mit einem Joystick fortbewegen kann, lässt sich eine gewisse Unsicherheit auf den Beinen erzeugen.

Wenn diese Gefühle verspürt werden, geht es dann darum diese auszuhalten und die Erfahrung zu machen, dass die schlimmsten Befürchtungen nicht eintreten (ich verliere nicht die Kontrolle, ich falle nicht um, ich bekomme keinen Herzinfarkt, ich muss mich nicht übergeben). Zusätzlich kann die Bauchatmung eingesetzt werden, um möglichst schnell wieder in einen entspannten Zustand zu gelangen.

Das Ziel der Panikexposition ist zu erleben, dass die Körpersymptome nicht gefährlich sind, man ihnen nicht hilflos ausgeliefert ist und diese sogar absichtlich erzeugt aber auch wieder kontrolliert werden können.

Im Weiteren ist es sinnvoll, die Angst vor dem Eingesperrt-sein zu konfrontieren. Dazu eignen sich entsprechende VR-Szenarien wie ein Lift oder eine U-Bahn, die steckenbleiben können, ein MRT oder auch ein vollbesetzter Kinosaal.

Im Anschluss sollte am besten auch in vivo konfrontiert werden. Ich verwende dafür einen kleinen Abstellraum, der komplett verdunkelt und von außen abgesperrt werden kann. Bei der Konfrontation geht es darum, das Aufkommen von Angst und Panik auszuhalten und so lange in dem Raum zu verharren, bis die Reaktion nachlässt. Dabei kann man die Intensität immer weiter steigern, indem die Tür zunächst nur geschlossen wird, dann abgesperrt, dann auch das Licht ausgemacht wird, der Therapeut in einen anderen Raum geht oder sogar die Praxis für einige Minuten komplett verlässt. Ebenso wie bei der Höhenangst ist es im Anschluss sinnvoll, die Flugsituation zu konfrontieren.

Bei der Angst vor dem Abstürzen lassen sich die Höhenpanik- und Klaustrophobie-Konfrontationen überspringen und es kann gleich mit der Flugsituation gestartet werden. Je nach VR-Umgebung und Patient kann man entweder zu Hause, beim Security-Check-In, beim Terminal oder direkt im Flugzeug starten. Das tolle an einer VR-Flugkonfrontation ist, dass bestimmte Sequenzen, wie das Einsteigen oder der Start beliebig oft wiederholt werden können, ohne den ganzen Flug durchlaufen zu müssen. Ebenso lassen sich Parameter wie Turbulenzen, Wetter, Sitzplatz und Tageszeit einstellen. Während der Konfrontation kann der Patient beim Aufkommen von Angstgedanken üben, diese wie im KVT-Modell gelernt, zu rationalisieren und den Körper über die Bauchatmung zu beruhigen.

Es sollte zumindest ein langer Flug (mindestens 60 min) in der VR absolviert werden, um die Erfahrung machen zu können, dass die Angst über die Zeit abnimmt. Oft wird den Patienten nach einer gewissen Zeit langweilig – was eine willkommene Abwechslung zur gewohnten Angst darstellt.

Natürlich wird die Angst in einem virtuellen Flugzeug nicht der Angst bei einem echten Flug entsprechen. Trotzdem lösen die VR-Flugangstumgebungen bei fast allen Patienten zumindest moderate Ängste aus. Vielen Patienten ermöglicht dieser Umstand, dass sie seit langem wieder einen entspannten Flug erleben können – wenn auch nur in VR. Dies steigert die Selbstwirksamkeit enorm und erhöht die Motivation, dies auch in echt ausprobieren zu wollen.

Falls Zweifel bestehen, ob die Behandlung wirkt, da man ja weiß, dass man nicht abstürzen kann, eignen sich folgende Erklärungen: Zum einen weiß die „Angst“ nicht genau, ob die Situation real ist (sonst käme es ja zu gar keiner Angstreaktion), zum anderen entsprechen die Erfahrungen, die man virtuell macht (Angst wird über die Zeit besser, rationalisieren und Bauchatmung mindern das Angstniveau), auch denen, die man in der Realität machen wird. Falls die Möglichkeit vorhanden ist, ist es bei der Angst vor dem Abstürzen besonders sinnvoll, die Therapie mit einer in-vivo-Konfrontation abzuschließen.

Wir fliegen dazu meist mit einem kleinen Sportflugzeug, mit dem sich die vorhin in der Theorie abgehandelten Dinge wie Sicherheitschecklisten, Turbulenzen, Strömungsabrisse, Segeln und verschiedene Manöver hautnah erleben lassen. Und spätestens, wenn die Patienten dann mal selbst ans Steuer dürfen, können sich die meisten ein Lächeln nicht mehr verkneifen.

6.7 Soziale Phobie

Über Sozialphobie wurde schon viel geschrieben und auch in diesem Buch findet sich ein Kapitel dazu (Kap. 4). Ich werde mich deswegen nach einer kurzen Einführung vor allem auf die (VR-)Konfrontation beschränken.

Soziale Ängste sind sicher einer der häufigsten Gründe von Patienten und Patientinnen, meine Praxis aufzusuchen. Meiner Erfahrung nach lassen sich zwei grobe Kategorien ausmachen: Patienten, welche sich vor einer spezifischen körperlichen Stresssymptomatik oder einer spezifischen Situation fürchten und Patienten, für die fast alle sozialen Situationen ein Problem darstellen. Generell werden die Ängste nur ausgelöst, wenn sich die Betroffenen von anderen beobachtet fühlen. Je mehr sie das Gefühl haben, im Mittelpunkt der Aufmerksamkeit zu stehen, desto größer ist die Angst. Die soziale Phobie geht auch fast immer mit einer körperlichen Stresssymptomatik oder zumindest der Angst davor einher, welche als sehr unangenehm empfunden wird. Die typischen Stresssymptome sind Schwitzen, Zittern, Erröten, Erbrechen, Durchfall oder Harndrang. Nicht immer treten diese Symptome auch auf. Es kann zum Beispiel vorkommen, dass sich ein Patient noch nie in einer sozialen Situation übergeben hat, er aber trotzdem starke Angst davor hat.

6.7.1 Einteilung der sozialen Phobie

Patienten, die sich nur vor einer spezifischen Situation oder Stresssymptomatik fürchten, haben oft Angst, dass eines dieser Stresssymptome vor anderen Menschen auftritt. So kann Zittern beispielsweise zu Angst in Situationen führen, in denen man mit jemand anstoßen, Suppe essen oder schreiben soll. Typischerweise haben Betroffenen in Situationen, in denen das Zittern kein Problem ist, auch keinerlei soziale Ängste. Bei schweren oder schon langen bestehenden sozialen Phobien kann sich der Fokus allerdings so auf das gefürchtete Symptom richten, dass die Angst auch auftritt, wenn der Betroffene alleine ist. Hier eine Reihe an typischen Symptom – Situationspaarungen: Vorträge sind quasi der Albtraum eines jeden Sozialphobikers. Hier steht man wirklich im Mittelpunkt der Aufmerksamkeit und man kann die Situation kaum verlassen. Entsprechend können fasst alle Stresssymptome zum Problem werden. Am typischsten sind die Angst vor einem Blackout, die Angst Ohnmächtig zu werden und umzufallen, die Angst zu zittern und zu schwitzen, die Angst einen Fehler zu machen oder sich zu versprechen. Aber auch alle anderen Symptome können auftreten. Eine weitere typische Situation ist Essen. Hier kann, wie schon oben erwähnt, das Zittern ein Problem darstellen oder das buchstäbliche Zuschnüren der Kehle, welches Betroffenen kaum mehr erlaubt, etwas zu sich zu nehmen. Vor anderen Schreiben kann in Kombination mit Zittern und starker muskulärer Verspannung zu großer Angst führen. Es kann auch vorkommen, dass nur bestimmte Personen soziale Ängste auslösen. Das sind oft sozial „Höhergestellte" wie der Vorgesetzte oder Lehrer. Eine weitere spezifische soziale Angst ist die Paruresis, im Volksmund „schüchterne Blase" genannt. Betroffenen sind so angespannt, dass sie es im wahrsten Sinne des Wortes nicht schaffen, loszulassen und wenn überhaupt nur unter großen Schmerzen urinieren können.

Bei Sozialphobikern, bei denen fast alle sozialen Situationen Angst auslösen, ist meist auch der Selbstwert stark betroffen. Hier stehen Ängste wie abgelehnt zu werden, nicht wissen was man sagen soll oder Angst einen Fehler zu machen im Vordergrund. Die körperlichen Stresssymptome sind meist unspezifischer und vielfältiger und reichen von genereller Anspannung, Kopfschmerzen, Verdauungsproblemen und Blackouts zu den schon genannten Symptomen. Auch die Angstgedanken sind weniger konkret als bei den spezifischen sozialen Ängsten.

Diese globale soziale Phobie ist wahrscheinlich eine der schambesetztesten Angststörungen. Zum einen, weil damit Vorurteile wie soziale Inkompetenz, Außenseiter und mangelndes Selbstbewusstsein verknüpft sind, zum anderen, weil soziale Situationen so häufig und auch sehr wichtig sind und ein Versagen in diesen oft zu schwerwiegenden Konsequenzen in den Leben Betroffener führen. Außerdem neigen sozialphobische Menschen zu Perfektionismus und übersteigerter Selbstkritik, was ihnen ihre Probleme umso unangenehmer macht.

Menschen mit sozialen Ängsten haben fast immer ein schlechtes Gefühl dafür, wie sie bei anderen ankommen. Sie sind sich sicher, dass ihnen andere ihre Nervosität, Unsicherheit und Angst ansehen und konzentrieren sich stark auf die angstauslösenden körperlichen Stresssymptome. Deswegen fällt es ihnen schwer zu glauben, dass andere das in diesem Maße gar nicht bemerken und sie deswegen auch nicht pauschal abgeurteilt werden.

6.7.2 Konfrontation

In meiner Arbeit mit der sozialen Phobie haben sich mit der Zeit drei verschiedene Konfrontationsziele herauskristallisiert.

Wie schon weiter oben erwähnt, sind soziale Ängste häufig stark schambehaftet. Als Therapeut ist man oft der erste Mensch, dem sich der Betroffene offenbart. Das ständige Verheimlichen führt zu dem Gefühl, selbst daran Schuld zu haben, mit Mängeln behaftet und ausgegrenzt zu sein. Dies wirkt sich über die Zeit stark auf den Selbstwert und die Selbstwirksamkeit aus. Mein erstes Konfrontationsziel ist es, diese Dynamik umzudrehen.

Es geht darum zu akzeptieren an einer Angststörung zu leiden, das sich darüber Sprechentrauen und schlussendlich um die Abtrennung der Symptomatik vom Selbstwert.

Die meisten verfügbaren VR-Umgebungen für Sozialphobie sind Umgebungen für die Vortragsangst. Die gibt es sowohl als animierte Umgebungen, in denen sich die Größe des Saals und die Anzahl der Zuschauer einstellen lassen, als auch als 360-Grad-Videos, die man nicht verändern kann. Um die Angst davor zu konfrontieren, die sozialen Ängste zuzugeben, lassen sich diese Umgebungen ausgezeichnet verwenden. Ich starte meist mit einem kleinen Raum mit wenigen Zusehern und vergrößere dann schrittweise den Raum und das Publikum. Die Aufgabe ist es, vor den virtuellen Zuhörern über die eigenen sozialen Ängste zu berichten. Die ersten Versuche sind oft wenig emotional und kurz. Mit mehr Übung schaffen die Patienten detaillierter und persönlicher, über ihre Ängste zu sprechen. Wenn die VR-Umgebungen nicht mehr viel auslösen, hole ich dann Kolleginnen hinzu und mache die gleiche Übung in vivo. Gleichzeitig bekommen die Patienten die Hausaufgabe, sich zwei vertrauenswürdige Personen zu suchen, denen sie von ihrer Problematik erzählen können.

Im nächsten Schritt wird die Stresssymptomatik konfrontiert. Hier kann man ähnlich wie bei der Panikexposition zunächst versuchen, die Symptomatik körperlich zu erzeugen und sie dann über zuvor erlernte Entspannungsmethoden zu kontrollieren üben. Das lässt sich zum Beispiel gut über das Weglassen von Sicherheitsverhalten tun. Bei der Angst, sich zu übergeben, achten die Patienten darauf, vor schwierigen Situationen möglichst wenig zu essen und wenn, dann nur leicht verträgliche Speisen. Viele essen tagsüber generell gar nichts. Bei der Angst, es nicht rechtzeitig auf die Toilette zu schaffen, wird entsprechend ebenso auf die Ernährung geachtet oder weniger getrunken. Bei der Angst vor dem Schwitzen oder Erröten kleiden sich Betroffene sehr luftig. Die Konfrontation besteht dann im Aushalten der Symptomatik, ohne auf Sicherheitsverhalten zurückzugreifen, und dem aktiven Gegensteuern über Entspannungsmethoden.

Im letzten Schritt geht es um das Konfrontieren der angstauslösenden Situationen. Hier lassen sich wieder VR-Umgebungen einsetzen. In unserer Vortragsangst-Umgebung gibt es zum Beispiel ein Whiteboard, an dem die Patienten Schreiben-vor-Publikum üben können. Es gibt Umgebungen, bei denen man anstoßen kann oder eine Suppe löffeln. Man kann Vorträge halten oder eine Prüfung schreiben. Was in VR momentan noch schwer möglich ist, sind Interaktionen und das Führen von Gesprächen. Will man beispielsweise ein Vorstellungsgespräch üben, übernehme ich den Part, der Fragen stellt. Das ist nicht optimal, da es die Patienten etwas aus der Immersion holen kann, es gibt aber kaum andere Möglichkeiten. Wenn sich die Patienten soweit sicher sind, ist es auch hier wieder sinnvoll, im letzten Schritt zur Konfrontation in vivo zu greifen. Je nachdem kann das in der Praxis unter Zuhilfenahme von Kolleginnen passieren, draußen auf der Straße oder auch als Hausaufgabe in der Arbeit oder in anderen Kontexten, die man in der Therapie nicht nachstellen kann.

Was sich als sehr nützlich herausgestellt hat, ist das Aufnehmen der Konfrontationssitzungen, um danach die eigenen Annehmen überprüfen zu können.

Insgesamt hat die VR-Exposition bei sozialer Phobie aufgrund der mangelnden Interaktionsmöglichkeiten noch etwas Aufholbedarf, lässt sich aber (vor allem für die Vortragsangst) schon sehr gut einsetzen.

6.8 Häufige Fragen und Ängste von Therapeuten

Auch Therapeuten und Therapeutinnen haben Ängste. Vor allem, wenn es um Konfrontation geht. Viele Therapeuten haben damit eher weniger Erfahrung, was zu Unsicherheiten und Ängsten führt und was wiederum dazu führt, dass die Konfrontation kaum angewendet wird. Ein typischer Angstkreislauf, bei dem die Ängste durch die Vermeidung immer mehr an Oberhand gewinnen, bis sich der Therapeut es sich gar nicht mehr zutraut, mit Konfrontationstherapie zu beginnen. Aber Spaß beiseite, um das Kapitel abzurunden, habe ich versucht, möglichst praxisrelevante Fragen zu sammeln, die ich und meine Kolleginnen uns selbst oft gestellt haben und deren Antworten uns so manche Unsicherheiten erspart hätten.

Was mache ich, wenn die VR-Software nicht echt wirkt?
Da viele VR-Umgebungen grafisch und von der Interaktivität noch in den Kinderschuhen stecken, können diese Zweifel durchaus auftauchen. Meist erledigt sich die Problematik in dem Moment, in dem zum ersten Mal die Brille aufgesetzt wird und der Patient erlebt, dass seine Ängste ausgelöst werden – auch wenn die VR-Umgebung nicht besonders realistisch wirkt. Da unser Angstsystem auf potenziell gefährliche Reize besonders sensibel reagiert, reicht es meistens, wenn der Reiz nur so ähnlich aussieht. Ein Spinnenphobiker hat auch Angst vor der Zeichnung einer Spinne – obwohl diese offensichtlich nicht echt ist.

Was mache ich, wenn der Patient Zweifel an der Wirksamkeit hat, da die VR nicht die echte Welt widerspiegelt?
Manche Patienten zweifeln den Transfair von der virtuellen Realität ins echte Leben an. Die VR löst zwar Ängste aus, welche durch Konfrontation besser werden, aber wer garantiert, dass dies auch die Ängste im echten Leben verbessert? Hier hilft etwas, auf die Natur der Angst einzugehen. Angst ist nicht rational und Angst geht immer auf Nummer sicher. Der Angst ist es im Endeffekt egal, ob die Situation real ist oder nicht – ganz nach dem Motto „lieber hundertmal umsonst weggelaufen als einmal zu wenig". Außerdem spiegeln auch die allermeisten phobischen Ängste nicht die Realität wider. Jeder Spinnenphobiker weiß, dass Spinnen nicht gefährlich sind – trotzdem hat er Angst. Aus denselben Gründen erschrecken wir uns in Horrorfilmen, obwohl klar ist, dass keine echte Gefahr droht.

Was mache ich, wenn ich die Angst nicht auslösen kann?
Oftmals gibt es mehrere Möglichkeiten, Angst auszulösen – hier lohnt es sich zu experimentieren. Manchmal kann es auch sinnvoll sein, mit einer anderen Angst zu arbeiten. Dafür eignet sich vor allem die Höhenangst, da sie mit VR bei vielen ausgelöst werden kann. Die Erfahrungen (Angst wird über die Zeit weniger, ich kann die Kontrolle

behalten, Entspannungsmethoden funktionieren etc.), die der Patient mit der Höhenangst macht, lassen sich dann auf die Angst übertragen, um die es eigentlich geht.

Was mache ich, wenn ich nicht die passende Software für die Phobie habe? Was mache ich, wenn ich kein geeignetes Konfrontationsmaterial habe?
Hier gilt es, kreativ zu sein. Vielleicht habe ich andere VR-Umgebungen, die ich für die Angst benutzen kann? Eventuell lässt sich eine Höhenangst-Umgebung mit kreisenden Vögeln für eine Vogelphobie zweckentfremden oder ein für Agoraphobie gedachter Kinosaal mit vielen Menschen für eine soziale Phobie. Eventuell findet man auch auf YouTube ein passendes 360-Grad-Video. Generell ist es eine der größten, aber auch spannendsten Herausforderung der Konfrontationstherapie herauszufinden, wie man die Ängste der Patienten am besten auslösen kann. Das ist auch in vivo nicht immer einfach.

Was kann ich tun, wenn mein Patient die Behandlung ablehnt?
Es kursieren viele Vorurteile und Horrorgeschichten bezüglich Konfrontationstherapie. Ein genaues Eingehen auf die Ängste bezüglich der Behandlung und eine entsprechende Psychoedukation können helfen. In vielen Köpfen ist Konfrontationstherapie gleichbedeutend mit massierter Konfrontation. Wichtig ist es, von Anfang an zu versuchen, kleine Erfolgserlebnisse für den Patienten mit einzubauen.

Was mache ich, wenn der Patient sich weigert, sich zu konfrontieren?
Hier hilft es auf der einen Seite geduldig zu bleiben, die Theorie hinter der Konfrontationstherapie nochmal zu erklären, aber auf der anderen Seite den Patienten auch mit Nachdruck zu motivieren. Das Problem stellt sich auch manchmal während einer Konfrontationseinheit. Ich hatte des Öfteren schon die Situation, dass Patienten die Konfrontation aufgrund von Erschöpfung für diesen Termin beenden wollten. Das passiert oft vor einem Durchbruch. Es ist wichtig, ein gutes Gefühl dafür zu haben, wie viel man dem Patienten noch zumuten kann.

Was mache ich, wenn der Patient eine Panikattacke bekommt?
Hier hilft es, sich auch selbst nochmals deutlich zu machen, dass eine Panikattacke nicht gefährlich ist und nach einer gewissen Zeit wieder von selbst weggeht. Lassen Sie sich nicht von der Panik des Patienten anstecken und versichern Sie ihm, dass alles unter Kontrolle ist. Atemübungen helfen, den Patienten zum Reden-bringen hilft. Wenn eine Konfrontation gut vorbereitet wird, kommt es außerdem äußerst selten zu wirklichen Panikattacken.

Was mache ich, wenn die Angst nicht besser wird?
Die Angst muss innerhalb einer Konfrontationssitzung nicht zwangsläufig besser werden. Wichtiger ist, dass der Patient das Gefühl der Angst aushält, ohne sich mit Sicherheits- oder Vermeidungsverhalten aus der Situation zu nehmen, und erlebt, dass

nichts Schlimmes passiert. Wenn die Angst auch nach mehreren Konfrontationssitzungen nicht besser wird, kann es daran liegen, dass 1.) nicht intensiv genug konfrontiert wurde, 2.) die Angstüberzeugungen nicht widerlegt wurden, 3.) Sicherheitsverhalten nicht erkannt wurden oder 4.) nicht die richtige Angst konfrontiert wurde.

Kann ich, als technisch nicht so versierter Anwender mit einer VR-Brille umgehen?
Sobald alles installiert und aufgesetzt ist, ist der Umgang mit einer VR-Brille auch nicht komplizierter als mit anderen PC-Programmen.

Was ist, wenn meinen Patienten übel oder schwindelig wird?
Die sogenannte Motion Sickness tritt vor allem in Umgebungen auf, in denen sich die Kamera schnell bewegt. Das sind z. B. Umgebungen, in denen man sich schnell fortbewegt (Autofahren, Fliegen, Laufen). Solche Umgebungen sollten vermieden werden. Normalerweise nehmen Entwickler aber auf solche Dinge Rücksicht und moderne Software löst kaum noch Übelkeit aus.

Was ist besser, graduierte oder massierte Konfrontation?
Das kommt darauf an und lässt sich nicht abschließend sagen. In der Praxis hat sich aufgrund der höheren Behandlungsmotivation die graduierte Konfrontation bewährt. Auf der anderen Seite kann man, wenn der Patient dazu bereit ist, mit der massierten Konfrontation in kurzer Zeit sehr viel erreichen (Abb. 2).

Abb. 2 Das VR Coach smart system deckt viele Themen der VR-Therapie ab und ist für Praxen konzipiert

Zusammenfassung

Ich hoffe, dass ich mit dem vorliegenden Kapitel einen interessanten Einblick in die aktuell mögliche VR-Konfrontationspraxis geben konnte und den einen oder anderen ermutigen konnte, diese spannende Technologie in seiner Praxis zu erproben. Ich bin der Meinung, dass man seinen Patienten, wenn möglich, stets die bestmögliche Behandlung bieten sollte und bei Angststörungen ist die virtuelle Realität für mich nicht mehr wegzudenken.

Literatur

Chen, Y.-F., Huang, X.-Y., Chien, C.-H., & Cheng, J.-F. (2017). The effectiveness of diaphragmatic breathing relaxation training for reducing anxiety. *Perspectives in Psychiatric Care, 53*(4), 329–336. https://doi.org/10.1111/ppc.12184

Craske, M. G., Liao, B., Brown, L., & Vervliet, B. (2012). Role of inhibition in exposure therapy. *Journal of Experimental Psychopathology, 3*(3), 322–345. https://doi.org/10.5127/jep.026511

Hoffman, S. G., & Smits, J. A. J. (2008). Cognitive-behavioral therapy for adult anxiety disorders: A meta-analysis of randomized placebo-controlled trials. *The Journal of Clinical Psychiatry, 69*(4), 621–632. https://doi.org/10.4088/JCP.v69n0415

Lange, I. (2019). *Neural responses during extinction learning predict exposure therapy outcome in phobia: Results from a randomized-controlled trial.* 8.

Öhman, A. (2009). Of snakes and faces: An evolutionary perspective on the psychology of fear. *Scandinavian Journal of Psychology, 50*(6), 543–552. https://doi.org/10.1111/j.1467-9450.2009.00784.x

Wittchen, H.-U., Zaudig, M., & Fydrich, T. (1997). *SKID. Strukturiertes Klinisches Interview für DSM-IV. Achse I und II. Handanweisung.* https://pure.mpg.de/pubman/faces/ViewItemOverviewPage.jsp?itemId=item_1646481.

Wolitzky-Taylor, K. B., Horowitz, J. D., Powers, M. B., & Telch, M. J. (2008). Psychological approaches in the treatment of specific phobias: A meta-analysis. *Clinical Psychology Review, 28*(6), 1021–1037. https://doi.org/10.1016/j.cpr.2008.02.007

Soziale Ängstlichkeit – unterschwellige soziale Phobie

Sabine Edlinger-Starr

Die unterschwellige soziale Phobie ist in der Praxis viel verbreiteter als die häufiger in Studien und der Literatur vorkommende Facette der sozialen Phobie, die Auftrittsangst. Sie kann sehr gut durch den Einsatz von Virtual-Reality-(VR-)Technologie behandelt werden. VR-Technologie kann auch zur Diagnose und zur Bestimmung des Behandlungserfolges eingesetzt werden. Dieses Kapitel geht genauer auf Geschichte, Diagnosemöglichkeiten und Behandlungsansätze der sozialen Ängstlichkeit ein, welche eine der häufigsten unter den Phobien ist.

1 Einleitung

Von Sabine Edlinger-Starr, Klinische- und Gesundheitspsychologin in San Diego, Kalifornien.

1.1 Exploration

Zu Beginn möchte ich voranstellen, dass in meine langjährige Praxis fast ausschließlich hochfunktionstüchtige Menschen kommen, deren häufigste Beschwerde es ist, dass sie sich hinter all der Tüchtigkeit und Tätigkeit des Alltags überdrüssig fühlen. Sie suchen nach dem Sinn des Ganzen. Viele kommen auch mit Gewohnheiten, die sie selbst als Bewältigung ihrer Tristesse entwickelt haben, jedoch nicht mehr wollen, da sie sich dadurch eingeschränkt und davon unfrei fühlen bzw. diese nicht gesund oder finanziell nicht länger tragbar sind.

Soziale Angst und soziale Verlegenheit hält Betroffene oft davon ab, ihre eigenen Träume und Ziele im Leben zu verfolgen. Sie verurteilen sich selbst in weiterer Folge

M. Altenhofer et al., *Virtual-Reality-Therapie*,
https://doi.org/10.1007/978-3-662-63457-8_4

und haben eine geringe Meinung von sich selbst. Sie fühlen sich wie Versager; alles in allem, ein unangenehmes Lebensgefühl. In weiterer Folge lesen Sie ein Kapitel über vorrangig jene Menschen, bei denen ich über die Jahre hinweg gelernt habe, die soziale Phobie, welche sich gut getarnt und die Betroffenen in der Hand hat, hervorzubringen und schrittweise aufzulösen.

1.2 Geschichte

Faszinierend ist, dass es wohl bereits sehr lange Beschreibungen von sozialphobischem Verhalten gibt. Hippocrates beschrieb 400 v. Chr. die übermäßig schüchterne Person als jemanden, der „Dunkelheit als Leben liebt" und „denkt, dass jeder ihn beobachtet" (Cuncic, 2020). Vincent van Gogh wurde beispielsweise auch eine soziale Phobie zugeschrieben. Als eigenständige Störung wurde sie allerdings erst 1980 in das Diagnostische und Statistische Manual (DSM-III) aufgenommen (American Psychiatric Association, 2005). Wenn auch anfangs eher schleppend, hat sich das Interesse an dieser Störungsform seither beschleunigt und zählt heute zu einer der bekanntesten und auch laut manchen Quellen häufigsten Phobie. Laut ABC News leidet 1 von 20 Personen darunter (Horn, 2015). Psychenet gibt auf deren Webseite bekannt, dass 7–12 von 100 Menschen in ihrem Leben eine soziale Phobie aufweisen (Weymann, 2020). Davon sind eineinhalbmal so viele Frauen betroffen. Wenn sich auch nicht alle bekannten Quellen über die Häufigkeit einigen, so ist der gemeinsame Nenner eindeutig, dass die soziale Phobie zu einer der verbreitetsten Störungen im modernen Alltag geworden ist. Die Definitionen laut DSM wurden über die Jahre erweitert und es wird in den letzten Jahren eher von „Sozialer Angststörung" als von „Sozialer Phobie" gesprochen (Mitte, 2007).

Während die Diagnosen über die Jahre erweitert wurden, sind auch vermehrt Testverfahren dazu entwickelt worden. Psychologinnen und Psychologen können heute von einer Vielfalt an Diagnosehilfen wählen, welche von kurzen Checklisten bis zu aufwendigen eigenständigen Testbatterien oder in noch umfangreichere Testverfahren eingebunden reichen.

Seit dem Buch „How to win friends and influence people" (auf Deutsch erschienen als „Wie man Freunde gewinnt") vom amerikanischen Schriftsteller und Vortragenden Dale Carnegie, 1936, gab es einen Umschwung in der Gesellschaft, der parallel auch den Druck, sozial und rednerisch gewandt zu sein, enorm erhöhte (Cain, 2012). Plötzlich war für Erfolg und sozialen Status im Leben eine extravertierte Persönlichkeit (zumindest nach außen hin) gefordert. Der Druck wuchs und damit auch die Anzahl an Menschen, die meinten, gegen ihre eher introvertierte Natur leben zu müssen, um es zu etwas zu bringen. Mit dem Paradigmenwandel darüber, was es heißt, erfolgreich zu sein, ist auch die Angstlandschaft der Gesellschaft anders geworden. Vielen wurde die Schraube angesetzt, und wir haben mehr über die menschliche Psyche zu lernen bekommen.

2 Definition

Wir Menschen sind soziale Wesen, da ist es besonders verständlich aber auch hinderlich, wenn sich jemand übermäßig damit beschäftigt, von anderen gut eingeschätzt werden und in sozialen Situationen gut dastehen – und noch wichtiger – nichts falsch machen zu wollen. Das zentrale Symptom der sozialen Phobie ist die Befürchtung, in sozialen Situationen ein bestimmtes Verhalten bzw. bestimmte Angstsymptome zu zeigen, das andere wahrnehmen und als peinlich bewerten könnten (Mitte, 2007).

Einmal bewusst gemacht (die unterschwellige soziale Phobie ist oftmals nicht bewusst), wissen die Betroffenen, dass ihre Angst nicht rational ist, dennoch sind sie ihr gegenüber machtlos. Der Angstkreislauf hat sich längst automatisiert.

Die Ursachen für das Auftreten sind ungewiss. Die Kräfte, die innerhalb der sozialen Phobie oder auch sozialen Ängstlichkeit zu tragen kommen, sind komplex und kompliziert, es muss tief unter die Oberfläche geschaut werden. Viele Wissenschaftler sind sich einig, dass eine Vielzahl an Faktoren zusammenspielen. Andere wieder vermuten eine generelle Verletzlichkeit als Kern der Störung. Wieder andere sehen die Wurzeln dafür in der Kindheit (Maass, 2017).

Die diagnostischen Kriterien laut DSM-IV bezeichnen die Sozialphobie als markante und konsistente Angst vor Leistung und Darbietung in sozialen Situationen, in denen Peinlichkeit, das Gefühl der Verlegenheit eintreten könnte (American Psychiatric Association, 2005). Die Betroffenen erkennen, wie unvernünftig und überzogen ihre Reaktion zur jeweiligen Situation ist, leiden aber dennoch unter Ängstlichkeit. Oft werden diese und ähnliche Situationen so gut wie möglich vermieden. Das Resultat ist allzu oft selbst initiierte soziale Isolation, allmählich gefolgt von sozialen Mangelzuständen. Eine sekundäre Depression kann sich entwickeln sowie auch der vermehrte Einsatz von Suchtmitteln als Bewältigungsstrategie der resultierenden Einsamkeit und der Gefühle der Unzulänglichkeit und ein verminderter Selbstwert.

Soziale Phobien gehen über eine generelle Schüchternheit hinaus und beeinträchtigen die Lebensqualität der Betroffenen maßgeblich. Oft ist es bewusst, dass soziale Situationen vermieden werden, dass eine Angst vor dem im Mittelpunkt stehen, dem öffentlichen Reden und vor kritischer Betrachtung durch andere besteht. Doch wohl genauso häufig ist es auf den ersten oder sogar zweiten Blick nicht so deutlich erkennbar. Die Betroffenen kommen in die Praxis, da sie mit einer generellen Unzufriedenheit mit dem Leben nicht mehr weiter kommen, da sie sich Suchtverhalten als Bewältigungsstrategien zugelegt haben. Dabei kann es von übermäßigem Alkoholkonsum, Rauchen, Tablettenabhängigkeit, Kaufsucht, Spielsucht, Esssucht, Fernsehsucht, Kaufsucht viele Richtungen genommen haben. Diese Verhaltensweisen werden eingesetzt, um kurzzeitig die Angst zu vermindern, ihr zu entfliehen und die Stimmung zu heben. Langfristig wirken die Maßnahmen allerdings nicht und müssen somit ständig wiederholt werden, was zu einer Sucht führen kann. Manche bestehen auch darauf, dass sie „nur“ unter einer

Depression leiden. Oft haben die Menschen in meiner Praxis einfach die Verfolgung von Zielen in ihrem Leben aufgegeben und kennen sich selbst nicht mehr; fragen sich, wozu das alles noch gut sein soll. Diese nicht so leicht erkennbare soziale Phobie bezeichne ich als „unterschwellige" soziale Phobie; unterschwellig, da die Betroffenen oft durchaus funktionstüchtig im Leben stehen und selbst nicht vermuten würden, dass sie an einer sozialen Ängstlichkeit leiden. Sie kommen aufgrund von Folgeerscheinungen der unterschwelligen sozialen Phobie in die Praxis und sind überzeugt, dass die Folgen ihr Hauptproblem sind. Die Behandlung nimmt für die Betroffenen einen sehr unerwarteten Weg, da sie oft selbst sehr erstaunt sind, wenn wir gemeinsam herausfiltern, dass sie von einer Angst, durch andere kritisch betrachtet zu werden, ihr Leben schrittweise umarrangiert und danach ausgelegt haben, bis es als ihr eignes Leben gar nicht mehr erkennbar ist. Kein Wunder, dass sie sich dann nicht mehr wohl fühlen und auch nicht wissen, wo sich hinwenden von hier, da die soziale Phobie fast wie ein dunkles Geheimnis aus dem Hintergrund die Fäden zieht.

Die Prävalenz der sozialen Phobie ist noch viel größer als die der diagnostizierten Fälle. In meiner Privatpraxis wird immer wieder deutlich, dass einer generellen Unzufriedenheit mit dem Leben, einer Orientierungslosigkeit und deprimierten Stimmung eine undiagnostizierte soziale Phobie zugrunde liegt. Es ist auch auf den ersten Blick eine Frage der Henne und des Eis: ist die generelle Unzufriedenheit da, weil sie sich von den sozialen Kontakten isolieren oder isolieren sie sich, da sie sich deprimiert fühlen.

Die Antwort auf diese Frage ist für die erfolgreiche Behandlung einer sozialen Phobie in der Praxis eher belanglos. Was hingegen Erfolg verspricht, ist, was der amerikanische Psychologe und motivational Speaker Wayne Dyer (2015) als Ziel zusammenfasst: „be independent of the good opinion of other people". Oder anders gesagt: Das Ziel ist es, nicht die gute Meinung von einem selbst bei anderen anzustreben. Ich fasse es auch gerne sehr unverblümt so zusammen, um meine Klientinnen und Klienten etwas provokant die Dringlichkeit dieser Botschaft vor Augen zu führen „Was sich andere von Ihnen denken, geht Sie nichts an". Dieser Sager muss dann in der Therapie meist mit viel Arbeit umgesetzt werden, bis er zur Selbstverständlichkeit oder zumindest greifbarem Ziel geworden ist. Ganz wird es sich nicht erfüllen lassen, doch als Zielhaltung ist es sehr hilfreich.

So viele alltägliche Hindernisse stammen von einer unterschwelligen sozialen Phobie und stehen im Weg zum Glück und Erfolg. So haben beispielsweise viele Menschen Schwierigkeiten, auch nur die kleinsten Entscheidungen zu treffen, aus Angst, nicht die richtige zu treffen in den Augen anderer. Meist ist auch die Beziehung zu den Eltern darin verwickelt (auch wenn die Kinder bereits Erwachsene und/oder die Eltern bereits verstorben sind). Man möchte unbewusst die richtige Entscheidung in den Augen des Vaters oder der Mutter treffen. Die Komponente des Unbewusst-Seins erschwert diese Verwicklung noch um Einiges. Das macht es fast unmöglich zu wissen, wo es langgehen soll. Schließlich sind Entscheidungen im Leben eine sehr subjektive Sache, die beim Versuch des Erratens, was richtig ist in den Augen einer dritten Partei, nicht zu bewältigen sind.

Neben Unschlüssigkeit kommt auch oft eine große Angst vor dem Beurteilt-werden durch andere hinzu, vor dem Kritisiert- oder sogar Lächerlich-gemacht-werden. Am besten bekannt unter der sozialen Phobie ist die Angst, vor Publikum zu reden. Diese wird in einem anderen Kapitel bereits besprochen und ist wissenschaftlich gut erforscht und beforschbar. Doch im Alltag kommt die eindeutige Situation des öffentlichen Sprechens nicht so häufig vor, sondern eher in versteckter Form: seine Meinung sagen beim gemütlichen Zusammensitzen, sich behaupten, wenn sich jemand vordrängelt und alle anderen mithören können, am Ende eines Vortrages aus dem Publikum eine Frage stellen. Diese und unzählige ähnliche Situationen machen die Substanz des Lebens und des Miteinanders aus. Sie sind aber auch leichter und unbewusster zu vermeiden. Zahlreiche dieser alltäglichen Situationen, wie Präsentationen vor Publikum, Vorstellungsgespräche, Prüfungen, Small Talk bei Veranstaltungen, Netzwerken sind als Szenen in der Virtual-Reality-Therapie vorhanden und können mithilfe dieser Technologie gut erlebt und geübt werden (mehr dazu im Kap. 5).

All diese Gefühle und Vermeidungstendenzen können so lähmend werden, dass die davon befallenen Individuen lieber im Halbschlaf durch das Leben gehen und hoffen, dass sie nirgends auffallen. Irgendwann wird sogar ein gutes Auffallen negativ erlebt und mit allen Mitteln zu verhindern versucht. Ein neues Ziel wird gefasst und darauf hingearbeitet: Das Ziel des Nichtauffallens. Es ist nicht überraschend, dass dann eine generelle Unzufriedenheit mit dem Leben entsteht, da es kaum eine Verwirklichung irgendwelcher Pläne, Träume, Wünsche gibt und die Aussicht, dass man das erreicht, was man gerne möchte, wird düster. Auch ein befriedigender Austausch mit anderen, ein Gefühl des Miteinanders fehlt. Es ist kein Platz mehr für Individualität. Das Resultat ist ein ungelebtes und ungeliebtes Leben.

Beispiel

Doch genug von der generellen Betrachtung. In den Sinn kommt eine Klientin, die zu mir kam, da sie Angst vor dem Tod hatte. Alleinstehend und ohne Kinder, 65 Jahre alt, wurde die Angst, alleine zu sterben, immer unerträglicher. Nach einiger Exploration wurde klar, dass sie sehr gut ausgerüstet war und eine Erstellung eines medizinischen Testaments, das ihre Wünsche, dass keine Wiederbelebungsversuche gemacht werden im Falle einer Hospitalisierung, hat dieses Thema überraschend schnell zu einem guten Ende gebracht für sie. Dennoch erlebte sie durch die Lösung nicht die erwartete Erleichterung. Was dann zum Vorschein kam, war eine darunter liegende soziale Phobie, die zu einem sehr isolierten Leben geführt und sie schließlich zu mir in die Praxis gebracht hat. Die gewünschte Behandlung der Angst vor dem Tod war ein Täuschziel, ein Hilferuf. Die erfolgreiche Behandlung beinhaltete eine Wiederverbindung zu ihrer Spiritualität und praktische Übungen für das Finden von Gleichgesinnten und sozialen Aktivitäten, die Schritt für Schritt aufgebaut wurden, während wir ihre Angst in sozialen Situationen abbauen konnten. In diesem Fall wäre es hilfreich gewesen, die Klientin ein VR-Szenario mit Personen-Interaktion erleben zu lassen. Dadurch wäre ihre soziale Ängstlichkeit schneller zum Vorschein gekommen, und sie hätte die sozialen Szenen gleich in meiner Praxis üben können. Sie war von der Idee selbst so überrascht, dass es einige Zeit dauerte, bis wir gemeinsam auf den Grund der Dinge, nämlich das soziale Vermeidungsverhalten, kommen konnten. Doch damals war diese Art der Technologie noch nicht für meine Privatpraxis erschwinglich. Mehr zu VR-Therapie ist im Kap. 5 zu lesen. ◄

Häufig finden sich auch Menschen bei mir in der Praxis, die darunter leiden, dass sie sich immer mehr von ihrem sozialen Umfeld isolieren, da sie berichten, es würde sie zu sehr erschöpfen, sie könnten nur alleine sie selbst sein, sie würden in Gesellschaft vielen Vorschlägen von anderen zustimmen, nur um diese glücklich zu machen. Dies führt zu einem Gefühl des Nicht-so-wie-die- anderen-Seins, zum Gefühl, wenn die anderen wüssten, wie sie wirklich sind, würden sie nicht mehr mit ihnen befreundet sein und bedrückt die Betroffenen oft sehr. Diese Gruppe ist introvertiert und findet sich als Außenseiter in einer zunehmend auf Extraversion drängende Gesellschaft (wie bereits weiter oben erwähnt). Wenn unbewusst und abgelehnt, beginnt dieser Charakterzug zunehmend Probleme zu machen im Leben des Betroffenen. Hier hilft Definition, Klärungen, Einsicht. Ziel ist es, die Vorzüge kennen und lieben zu lernen und auch das Umgehen damit. Der große Unterschied zwischen introvertierten und extravertierten Menschen ist, dass eine extravertierte Person durch den Umgang mit Menschen energetisiert wird und danach mit vollem Elan sich anderen Dingen widmen kann. Eine introvertierte Person genießt den Umgang mit anderen ebenfalls sehr (die generelle Meinung ist fälschlicherweise, dass Introvertierte nicht unter Menschen sein wollen), doch danach ist eine Phase der Erholung notwendig, da dieser Kontakt nicht energiespendend ist, sondern merklich an Energie verwendet hat (Cain, 2012). Einsicht in diesen Umstand ist hier oft sehr hilfreich und ändert das Bild, das die Betroffenen von sich selbst haben. Kurz gesagt, bei extravertierten Personen fällt gesellig sein mit Energie tanken zusammen, bei introvertierten nicht. Problematisch wird es erst, wenn Unklarheit darüber herrscht, was häufig der Fall ist, und wenn dadurch falsche Erwartungen bestehen. Hier kann das Übern von sozialen Szenarien mit VR-Therapie den Betroffenen helfen, Sicherheit und Selbstwertgefühl zu steigern sowie auch wertvolle Selbsterkenntnis in einer neutralen Umgebung zu erlangen. Nach dem Durchgehen der Szene können Erleben und Gefühle gemeinsam besprochen werden.

3 Erscheinungsbild in der Praxis

Die unterschwellige soziale Phobie zeichnet sich dadurch aus, dass die wenigsten Betroffenen denken, dass sie an einer sozialen Phobie leiden könnten. Der geschulte Blick einer Therapeutin oder eines Therapeuten erkennt auch bei subtilen Ausprägungen, dass typische Merkmale vorhanden sind. Die Betroffenen fühlen sich in bestimmten sozialen Situationen ängstlich. Sie haben einen Lebensstil, der auffallend unabhängig von anderen Menschen ist. Sie zeigen sich als sehr eigenständig und verlassen sich in wenigen oder keinen Bereichen ihres Lebens auf andere, auch nicht bei Entscheidungsfindungen, in wichtigen Momenten ihres Lebens. Unterhaltung und Freizeit besteht ebenfalls meist aus Tätigkeiten alleine. Leichter erkennbar ist die soziale Phobie bei Menschen, die allein leben. Haben Betroffene eine Familie, ist diese soziale Isolierung nicht so leicht erkennbar durch den Blick darauf von außen, da sie viele notwendige Aktivitäten ausüben, die mit Kontakt mit anderen zu tun haben, es sich allerdings um Pflichten und nicht wünschenswerte oder genießbare Momente handelt. Solche irreführenden Betätigungen kommen besonders häufig vor, wenn die Betroffenen kleine Kinder haben. Statt sich physisch zu isolieren leben sie in einem habituellen Zustand von Angst und/oder entfliehen sozusagen in ihren Kopf, wirken abwesend und sind nur noch körperlich, nicht aber geistig voll anwesend, da viel Energie durch die ständig erlebte Angst gebunden ist. Insgesamt sind Menschen mit dieser Form der sozialen Phobie im Alltag sehr funktionsfähig, gehen allerdings eher leidend durchs Leben.

Durchgehend auffallend ist es, wie sehr sich die Betroffenen daran gewöhnt haben, alleine durchs Leben zu gehen. Sie bringen ihre Symptome, ihren Leidenszustand, der sie zu mir in die Praxis gebracht hat, nicht mit ihrer sozialen Isolation in Verbindung, da sie sich alleine und unbeobachtet am wohlsten fühlen und dies ihr Zufluchtsort ist, den sie sozusagen niemals verraten und als problematisch einschätzen würden. Sie haben ein generell erhöhtes Anspannungsniveau und sind die meiste Zeit vigilant, bis sie am Abend erschöpft in den Schlaf übergehen.

Neue Dinge lehnen sie rasch als „peinlich" oder „dumm" ab, noch bevor sie sich damit gedanklich befasst haben, nur weil es sich um ein sozial exponiertes Setting handelt. Sie befürchten vor allem, dass sie in einer Situation ein peinliches Verhalten bzw. Angstsymptome (Schwitzen, Erröten, Erstarren, Stammeln, unsicher oder dumm erscheinen) zeigen könnten und dass diese von ihrem Gegenüber oder den Personen im Umfeld wahrgenommen werden (Berghändler, 2007). Damit scheiden sämtliche neue Aktivitäten aus, die nicht allein und unbeobachtet geschehen.

Da sie mit dieser komplexen Entwicklung meist bereits sehr lange alleine gewesen sind, haben sie oftmals ein geringes Selbstwertgefühl. Ihre selbstfürsorglichen Gewohnheiten sind kaum oder gar nicht vorhanden. Dafür haben Verhaltensweisen mit längerfristig negativen Auswirkungen ihren Platz als Coping-Mechanismus eingenommen. Diese Verhaltensweisen können, wie bereits erwähnt, eine Vielfalt an Sucht- und Vermeidungsverhalten wie Alkoholkonsum oder Einkaufssucht sein.

4 Diagnose

Es gibt mittlerweile unzählige Messverfahren und Methoden zur Diagnostizierung. Dabei wird die Wahl der Messinstrumente auch dadurch beeinflusst werden, wie viel Aufwand und Kosten für diese Phase zur Verfügung stehen. Das Ziel ist die Erhebung von Daten und Informationen, um auf deren Basis Entscheidungen für die Erstellung des

Behandlungsplans zu treffen. Während diese Schritte – Diagnose, Behandlungsplan – immer als sehr offiziell anmuten, habe ich in den Jahren in freier Praxis die Erfahrung gemacht, dass diese oftmals eher unzeremoniell erfolgen. Informationssammlung erfolgt bereits beim Erstgespräch, im Zuge der Anamnese, die Diagnostikwerkzeuge können durchaus Befragung und Beobachtung sein, wenn es sich als geeignete und ökonomische Diagnosestrategie erweist. Es kann auch vorkommen, dass ein oder zwei substanzielle, standardisierte Testverfahren angeschafft wurden (die Entscheidung bei der Vielfalt ist oft nicht leicht), und dennoch nicht für die Klientin oder den Klienten vor sich als geeignet befunden werden.

Wenn bereits ein Verdacht auf soziale Phobie besteht, oder wenn eine Diagnose für die Versicherung nötig ist, kann auch ein Testverfahren eingesetzt werden. Im Buch „Diagnostik von Sozialen Phobien" (Mitte et al., 2007) findet man zahlreiche Testverfahren aufgelistet und im Detail behandelt. Dabei sind sie aufgeteilt in Verfahren, die den Gesamtschweregrad erfassen, die behaviorale Diagnostik in sozialen Situationen und Erfassung sozialphobischer Kognitionen. Ein Kapitel ist auch der Diagnostik der sozialen Phobie im Kindes- und Jugendalter gewidmet. Auch darin wird sichtbar, dass bei der Diagnostik von Selbstbeurteilungsinstrumenten, über die Erfassung von Verhalten bis zu standardisierten Tests gewählt werden kann.

Es lohnt sich auch, das Ausmaß des Konsums sozialer Medien zu erfragen, wenn der Verdacht auf soziale Ängstlichkeit von der Klientin oder dem Klienten mit Verblüffung aufgenommen wird. Manchmal haben sie selbst den Eindruck, sehr sozial zu sein. Direkte Kontakte sind aber durch empfundenes Sozial-sein online ersetzt. Dabei gibt es aber kaum einen Austausch. Diese haben nicht denselben nährenden und verbindenden Effekt wie persönliche Kontakte. Eher ist oft das Gegenteil der Fall, dass die eigenen Erwartungen überspitzt werden, da auch von anderer Seite fast ausschließlich positive Seiten und Resultate präsentiert werden. Es ist eine von der Realität und Menschlichkeit entfremdete Arte des Kontaktes, einseitig und unpersönlich.

Beispiel

Dazu kommt folgende Klientin in den Sinn: Klientin K, 26 Jahre alt.

Die Klientin kam ursprünglich in die Praxis, da sie meinte, dass sie depressiv sei. Nach einer Anamnese stellte sich heraus, dass sie von sich erhöhte Leistungserwartungen hat und sich in dessen Folge langsam von allen kreativen und sportlichen Freizeitaktivitäten zurückgezogen hat, da sie nicht diejenige mit den besten Leistungen gewesen war und das Gefühl hatte, deshalb von den Teammitgliedern im Schwimmteam kritisiert und „schief angeschaut" zu werden. Zusätzlich berichtete sie, dass sie sich ohnedies besser vor dem Fernseher entspannen und erholen könne, als zu ihrem Beruf zusätzlich noch in anderen Gebieten Leistungen zu erbringen.

Sie beschreibt ihre Ursprungsfamilie als konservativ und hart arbeitend. Ihr Vater war Angestellter in einem Büro und die Mutter Hausfrau. Frau K. habe besonders für gute schulische Leistungen und für fleißiges Arbeiten Lob von ihrem Vater erhalten.

Wenn die Familie an Wochenende einen Ausflug unternahm, trank der Vater oft zu viel und wurde laut und begann, seine Tochter, meine Klientin, laut und für die umgebenden Leute hörbar zu kritisieren, wodurch unangenehme Aufmerksamkeit auf sie gelenkt wurde. Somit habe sie sich am sichersten und wohlsten gefühlt, wenn die Familie die Wochenenden daheim verbracht hatte.

Diagnose

Die Klientin erfüllte nicht die Kriterien einer Depression. Sie zeigte allerdings Zeichen einer sozialen Phobie, welche sekundär eine depressive Stimmung herbeigeführt hat. Die Angst, nicht die Beste zu sein, dass ihre Freundinnen und Freunde meinen könnten, sie sei dumm, dass sie sich am wohlsten zu Hause fühle, sich am besten allein daheim entspannen könne, da sie dann nicht das Falsche tun würde, das Erstarren, wenn im Freundeskreis diskutiert wird und sie nichts beitragen kann.

Behandlung

In den nächsten Sitzungen wurden mehrere Ziele verfolgt. Zuerst ging es darum, dass sich die Klientin eine Liste an selbstfürsorglichen Aktivitäten machte, die sie für sich alleine durchführen konnte (Bad mit Badesalzen, Spaziergang, ein Buch lesen etc.). Damit sollte ihre Erschöpfung und Angespanntheit aufgehoben und das generelle Wohlbefinden gehoben werden, was wieder die Ressourcenfähigkeit und die Bewältigung des ursprünglichen Problems der sozialen Phobie unterstützt.

Als sie sich selbsteffizienter erlebte, ging die Arbeit in Richtung RET – Rational Emotive Therapy (Ellis, 1967). Dabei wurden Glaubenssätze, wie „erst die Arbeit, dann das Vergnügen“, „ich bin nur etwas wert, wenn ich die beste bin“, „Spiel und Spaß sind nicht notwendig“ hinterfragt und neue, aktualisierte Sätze platziert: „Ich darf Spaß während und an der Arbeit haben“, „Manche Dinge sind nicht für die Leistung, sondern für den Genuss da“, „Es ist wichtig, im Leben Freude und Spaß zu haben“. Dadurch wurde langsam eine Änderung des Verhaltens möglich. So trat Frau K. einer Volleyball-Gruppe bei mit dem konkreten Ziel, sich allmählich mit jedem Teammitglied zu unterhalten und ihre Gedanken darüber, was sich das Gegenüber alles Schlechtes über sie ausdenken könnte, geduldig aber konsequent aus dem Kopf zu schlagen und die Aufmerksamkeit wieder darauf zu lenken, dass es ihr Spaß macht, Volleyball zu spielen und dass alle anderen auch deshalb hier sind (und nicht, um sie zu kritisieren). Das Ziel ihrer Zeit beim Volleyball-spielen war es, die Zeit zu genießen, was ihr nur langsam aber dennoch gelang, da ihre Gedanken immer wieder in Richtung „was die anderen wohl von mir denken“ abschweiften.

Als weiterer Bestandteil der Behandlung wurde die Emotional Freedom Technique (EFT) angewendet (Ortner, 2013). Immer, wenn die negativen Gedanken besonders stark wurden und die Stimmung der Klientin in Richtung negativ und selbstverneinend gingen, wurde sie angeleitet, 5 min lang EFT, auch als Abklopfen bekannt, anzuwenden. Dabei sprach sie die negativen Gedanken laut aus und wendete das Protokoll des Abklopfens bestimmter Punkte am Kopf und Händen an. Dabei schätzte sie die Intensität ihres Angstzustandes vor und nach Beginn von 1–10 ein, wobei 1 keine Angst und 10 überaus große Angst bedeutet. Sie sollte jeweils so viele Durchgänge des EFT-Protokolls machen, bis die Angsteinschätzungszahl mindestens 2 Punkte gefallen und/oder unter 4 war. ◀

5 Behandlung

Für die Behandlung gibt es schier endlose Möglichkeiten. Empfohlen werden Verfahren wie interpersonelle Psychotherapie, Hypnotherapie, virtuelle Realität, progressive Muskelrelaxation, Sozialkompetenztraining, Gruppentherapie und vieles mehr (Berghändler et al., 2007). Der Behandlungsplan wird nach der Anamnese erstellt bzw. kommt es im Zuge der Anamnese zum Vorschein, in welche Richtung die Behandlung gehen wird. Bereits nach der ersten Sitzung gebe ich zumeist die „Three Breaths Exercise" (Coach for Life, 2008) mit nach Hause. Damit kann das autonome Nervensystem beruhigt werden, und es gibt der Klientin oder dem Klienten bereits ein erstes Gefühl der Selbstwirksamkeit, was für den Behandlungserfolg wichtig ist (Egger, 2020). Dabei geht es darum, einige Male pro Tag bewusst drei langsame, tiefe Atemzüge hintereinander zu tätigen. Es erinnert daran, dass die Atmung eine Bauchatmung sein soll für Entspannung und hebt die oft habituelle Flachatmung auf. Ein Effekt der guten Versorgung der Körpers mit Sauerstoff trägt positiv zum Wohlbefinden bei, was generell einer ängstlichen Grundhaltung entgegenwirkt. Die Übung wird an ein sich mehrmals pro Tag bereits vorkommendes Ereignis im Leben der Klientin bzw. des Klienten gekoppelt, um so natürlich und schnell eine Gewohnheit zu schaffen. Dies kann sein, wenn ein Glas Wasser getrunken wird, die Kirchturmuhr schlägt, das Handy aufgegriffen wird und ähnliches.

Die Aufzählung der Behandlungsarten ist bei weitem nicht vollständig und stellt einige davon dar, die sich in meiner Privatpraxis über die Jahre hin bewährt haben und sollen auch die Vielfältigkeit darstellen. Selbstverständlich bespreche ich mit meinen Klientinnen und meinen Klienten jeweils, dass ich keine Ärztin und auch keine Vertreterin einer Religion bin. Kommen Themen aus diesen Gebieten vor, werden sie im Rahmen der Möglichkeiten einer psychologischen Behandlung besprochen, wenn es dem Behandlungsziel dienlich sein kann, bzw. an Fachpersonal weiterempfohlen, wenn diese nötig ist.

5.1 Virtual-Reality-(VR-)Therapie

Die VR-Therapie bietet eine ideale Kombination von Exposition, Kontrollierbarkeit, Wiederholbarkeit und niedrige Kosten für die Anwenderinnen und Anwender. Es gibt dabei beispielsweise das Erleben einer Partyszene, wonach das Ausmaß an Unwohlsein und Empfinden von Angst auf einer Skala von 1–10 (1 gar keine Angst, 10 maximale Angst) von den Betroffenen selbst eingeschätzt werden kann. In einer anderen

Simulation erleben sich die Betroffenen als Kellnerin oder Kellner und müssen zu ihren Gästen hingehen, um Bestellungen aufzunehmen oder Getränke zu servieren, was noch konkreter die Angst in sozialen Situationen erleben lässt, da sie dadurch in den Mittelpunkt gestellt werden. Die Szenen sind in ihren Intensität variabel, um mit weniger angstauslösenden Situationen zu beginnen und – wenn diese erfolgreich geübt und nicht mehr so angstbesetzt sind – dann auf mehr angstauslösende Varianten aufzusteigen, bis auch die gefürchtetste Situation mit Erfolg gelassen erlebt werden kann. Im Kap. 5 wird die Virtual-Reality-Therapie und -Technologie im Detail besprochen.

5.2 In-vivo-Expositionstherapie (Vor- und Nachteile)

Sich der angstmachenden Situation zu stellen (Exposition), ist in vielen Studien als sehr effektiv bestätigt worden. Dies ist jedoch kaum jemals praktikabel und durch die hohen Kosten (Therapeutin/Therapeut begibt sich an den Ort mit der angstauslösenden Komponente, in unserem Fall beispielsweise in eine Bar oder auf eine Party) ist es nur wenigen Betroffenen zugänglich. Ich würde die Expositionstherapie deshalb als nur beschränkt geeignet bzw. als nicht mehr zeitgemäß einstufen, auch wenn sie so erfolgreich ist. Vielleicht ist sie für stark unter sozialer Phobie Leidende von den Kosten her zu vertreten. Doch die/der durchschnittliche Klientin oder Klient in meiner Privatpraxis würde kaum einen vierstelligen Betrag investieren. Außerdem leistet die VR-Therapie vergleichbar gute Dienste bei einem um ein Vielfaches geringeren finanziellen Aufwand (Abschn. 5.1 und 6).

5.3 Spiritualität

Der Aspekt der Spiritualität wird allzu oft aus der psychologischen Behandlung ganz weggelassen. Dennoch empfindet sich die Mehrheit der Menschen auf ihre eigene Art als spirituell (Edlinger, 2000). Es hat sich in meiner Praxis als äußerst wertvoll für die erfolgreiche Behandlung herausgestellt, dass die Betroffenen mit ihrer eigenen Version der Spiritualität gezielt (wieder) in Verbindung gebracht werden. Für manche bedeutet es, Teil eines größeren Ganzen zu sein, für andere ist es eine innere Stimme, die wieder gehört wird, für wieder andere ist es das konkrete Besuchen und Teil von einer Glaubensgemeinschaft zu sein. In jedem Fall hilft es maßgeblich, das Gefühl des Allein- und Verlassenseins, das so häufig berichtet wird, abzulegen. Anstelle dieses Gefühls wird oft eine große Erleichterung wahrgenommen. Das Gefühl, etwas schier Unbewältigbares bewältigt zu haben, tritt ein, ein großes Ausatmen findet statt.

Isolierte Menschen fühlen sich allein, ohnmächtig und abgeschottet. Spiritualität ist essenziell dafür, sich generell in Verbindung stehend zu empfinden und ein Gefühl des Urvertrauens zu erleben. Ressourcen, um mit den komplexen und vielfältigen Situationen im Leben zurecht zu kommen, kann nur jemand haben, der grundsätzlich ein gutes Befinden und Energie hat. Eine deprimierte Aussicht auf das Leben engt den Horizont ein, Lösungen scheinen keine mehr in Greifweite zu sein. Wenn sich also das Thema Spiritualität mit Klientinnen und Klienten anbietet, kann es eine große Ressource in der Erlangung und Aufrechterhaltung des Behandlungserfolges bedeuten.

5.4 Emotional Freedom Technique (EFT)

Diese Technik kann gut zuerst gemeinsam mit der Klientin oder dem Klienten in der Praxis trainiert werden. Sie ist schnell erlernt und kann durch leichten Zugang von kostenlosen Instruktionen im Internet nachgelesen werden, da der Begründer, Gary Craig, alle Dokumente dazu gratis zur Verfügung stellte auf www.thrivingnow.com. In den Naturwissenschaften hat diese Methode über den Placebo-Effekt hinaus keine Bedeutung. Allerdings ist allein der Placebo-Effekt von hohem Wert am Weg einer Heilung. Die beeindruckenden Studienergebnisse zum Placebo-Effekt sind gut dargestellt im Buch „Gedanken als Medizin" von Marcus Täuber (2020). In der Praxis geht es vorrangig um Ergebnisse. Dazu ist EFT eine gute Beigabe, da sie die Betroffenen ermutigt, ihnen selbst das Ruder in die Hand gibt und ihnen ein Werkzeug für genau den Moment gibt, in dem es für sie brenzlich wird, nämlich, wenn die Angst kommt und sie sich ihr ausgeliefert und alleine fühlen.

5.5 Glaubenssätze/Reframing

„Du bist so schüchtern.", „Das kannst du nicht alleine!", „Schau, wie deine Cousine das gut macht, wieso kannst du nicht mal was richtig machen?"

Diese und unzählige andere herabsetzende und wertmindernde Sätze habe ich von meinen Klientinnen und Klienten über die Jahre im Praxiszimmer gehört. Manche muten harmlos an, haben aber nachwirkend Schaden angerichtet. Die Betroffenen haben sie sich zu Herzen genommen und sie Teil ihrer Identität gemacht. Danach haben sie entsprechende Handlungen gesetzt bzw. manche von da an ausgelassen, vermieden. Diese alten Kassetten, wie man sie bezeichnen kann (für jene, die noch einen Kassettenrekorder kennen), spielen dann im Kopf der Betroffenen auf endlos. Sie werden zum Soundtrack ihres Lebens und sind oft deshalb besonders schwer zu erwischen, denn sie sind für die Betroffenen das geworden, was das Wasser für den Fisch ist: die gesamte Lebensumgebung durchdringend, die somit nicht hinterfragt wird, weil sie als selbstverständlich wahrgenommen wird. Sie sehen alle Situationen durch diese Brille. Sie entscheiden aufgrund dieser längst veralteten und oft aus dem Kontext entfernten Aussagen. Im Neurolinguistischen Programming (Bandler, 2013) gibt es Methoden, die diese Glaubenssätze in einen neuen Kontext setzen. Sie werden genau dahin gehend durchleuchtet, ob sie heute noch Gültigkeit haben, was ihre Funktion gewesen ist und womit sie ersetzt werden können, damit sie in der Gegenwart hilfreich sein können. Bevor sie für immer entsorgt werden, wird ihnen noch dafür gedankt, dass sie – anno dazumal – eine legitime Beschützungsfunktion ausgeübt haben. Die alten Kassetten im Kopf werden durch neue, hilfreiche und ebenso wohlwollenden Mp3s ersetzt.

5.6 Psychopharmakologische Mittel

Häufig höre ich vom Verschreiben von psychopharmakologischen Mitteln durch Psychiaterinnen und Psychiater, ohne zusätzlich eine psychologische Behandlung in den Behandlungsplan einzubinden. Um nachhaltige Behandlungserfolge zu erlangen, ist meiner Erfahrung nach zumindest eine Kombination mit psychologischer Behandlung oder Psychotherapie ein guter Weg. Sind die Klientinnen und Klienten im Alltag an sich nicht maßgeblich eingeschränkt, kann eine medikamentöse Behandlung oft auch übergangen werden. Manchmal können ordnungsgerecht verschriebene Medikamente helfen, die Stimmung zu heben und so dem Behandlungserfolg einen guten Start zu gewährleisten.

5.7 Kleine Übungen „micro steps"

Je nach individueller Situation, je nachdem, welche soziale Szene angstauslösend ist, bereiten wir kleine Schritte in Richtung des Zieles vor, die in der Therapie besprochen und dann im Alltag geübt und in vivo alleine und ohne mich als Therapeutin an ihrer Seite ausgeführt werden können. Wichtig ist dabei, dass die Klientin oder der Klient die Führung übernimmt und eine eindeutige Zustimmung dazu gibt. Wenn gezögert wird, kann dies besprochen, nicht aber das Ja oder Nein zur Übung hinterfragt werden. In der folgenden Therapiestunde werden das Erleben und die einzelnen Schritte besprochen. Wichtig ist es, den Blick auf das Ziel zu behalten („eyes on the prize") und kleine Rückschritte damit nicht als richtungsweisend einzustufen. Es hilft, wenn speziell für die Betroffenen bedeutungsvolle Ziele erarbeitet werden, wie der Wunsch, mit den Enkelkindern auf ein Konzert zu gehen, beim Arbeitgeber um eine Lohnerhöhung zu verhandeln und Ähnliches. Wenn neue Schritte wieder fallen gelassen werden, waren die Schritte zu groß, hat es nicht in den Alltag gepasst. Mit den „eyes on the prize" werden Adjustierungen gemacht und neue Schritte in Richtung Ziel gesetzt.

5.8 Schlüsselszenen aus der Kindheit

In manchen Fällen, jedoch nicht immer, werden den Betroffenen eine oder einige konkrete Szenen aus der Kindheit bewusst und klar, dass sie diese zu ihrem Vermeidungsverhalten geführt haben. Diese Situationen werden besprochen und aus den Augen eines Erwachsenen neu betrachtet. Ein mentales Zurückgehen, um dem Kind Mut oder Rat zuzusprechen, kann sehr heilsam sein. Das Ziel ist es, dass sich die Betroffenen in der Gegenwart voller Kraft und Handlungsoptionen fühlen. Sie sollen daran glauben können, dass sie Herr ihres Lebens sind und die Wahl haben, welchen Situationen sie sich aussetzen. Das Gefühl, dass sie auch in sozialen Situationen sicher sind und sich wohlfühlen, ist ein wichtiger Schritt aus der Isolation und Einsamkeit (Hanh, 2010).

5.9 Entspannungsübungen, geführte Reisen im Kopf

Entspannungsmethoden gibt es unzählige. Klassiker darunter sind das Autogene Training vom Berliner Psychiater Johannes Schultz, 1932, und die Progressive Muskelentspannung von Edmund Jacobson, 1934. Erstere erfordert mehrere Sitzungen, um sie zu erlernen und letztere ist relativ schnell erlernt, indem erst Muskeln bewusst angespannt werden, um dann beim Loslassen die Entspannung bewusster zu erleben und somit auch über Entspannung generell zu lernen. Beide sind sehr wirksam und überall anwendbar, wenn sie erst einmal gemeistert wurden. Mediation, rhythmisches Atme0, oder sich einfach an ein schönes Erlebnis im Detail und mit allen Sinnen erinnern, sind ebenfalls wirksame Hilfen zum Entspannen. Die Grundidee ist, dass der Alltag in der modernen Welt automatisch für Anspannung sorgt, während wenig für Entspannung sorgt. Diese muss aktiv gesucht und in den täglichen Rhythmus eingebaut werden. In der Behandlungsstunde gibt es auch die Gelegenheit, geführte Reisen zu machen, indem die Therapeutin oder der Therapeut die Entspannung leitet und eine angenehme Umgebung mit allen Sinneseindrücken beschreibt. Das kann an einen besonders entspannenden und schönen Ort sein. Alle Sinne werden dabei angesprochen, um das Erlebnis besonders wirksam zu machen. Es können auch persönliche Vorlieben der Klientin oder des Klienten eingebaut werden, bzw. besteht hier auch die Möglichkeit, leicht angstauslösende Elemente in der Ferne einzubauen und zu bestärken, dass dies der Entspannung kein Ende tut. Angespannte Menschen mit sozialer Ängstlichkeit erleben ihre Angst im Durchschnitt intensiver und öfter und weisen mehr Vermeidungsverhalten auf als entspannte Menschen.

5.10 Lebensstilüberarbeitung bzw. philosophische Haltung

Oftmals ist es notwendig und für den Therapieerfolg günstig, neben dem Thema soziale Phobie auch andere Lebensgewohnheiten zu beleuchten und – zumindest im Zeitabschnitt der Behandlung – zu adaptieren.

Ich schlage jeweils vor, dass vom Massenverhalten abgegangen werden muss, um ein besonderes Leben zu leben. Im Klartext heißt das, nicht die üblichen Dinge zu konsumieren, die nichts Gutes zu unserer Gesellschaft und unserer Gesundheit beitragen. Dazu gehören Dinge wie übermäßiger (oder gewohnheitsmäßiger) Konsum der Trilogie Fett, Zucker, Salz (also die meisten Fertigprodukte), übermäßiger Konsum von Schmerzmedikamenten, Alkohol und Essen, unablässig Nachrichten in Form von Bildern

(Fernsehen) konsumieren, sich mit negativen Menschen umgeben, Tratsch und Verschwörungstheorien sich einverleiben und weiterverbreiten, zur Entspannung Shoppen gehen. All diese Dinge tragen nichts zur Selbsterkennung bei und lenken nur davon ab. Sich selbst als Individuum zu erkennen und als solches zu definieren und daran Freude zu erleben, ist von unbeschreiblichem Wert, wenn es darum geht, eine generelle Ängstlichkeit zu heilen. In einem Umfeld, das frei ist von habituellen Sabotageakten, kann etwas Neues, etwas Wünschens- und Lebenswertes entstehen.

An die Stelle der oben genannten Konsumpunkte stelle ich tiefes Durchatmen, Entspannung, Meditation, Achtsamkeitsübungen (z. B. die berühmte Übung, eine Rosine oder eine Mandel für eine Viertelstunde bewusst zu kauen und mit allen Sinnen zu erleben), selbstfürsorgliche Gewohnheiten einzuführen (z. B. regelmäßig ein Bad mit Duftölen zu nehmen), davon ablassen, von sich selbst zu viele soziale Verpflichtungen zu erwarten und nur jene einzuteilen, die gut tun. Es gehört auch dazu, langsam einen kritischen Verstand all den Dingen gegenüber zu entwickeln, die angeblich gerade so „in" sind; sich nicht mitreißen lassen, sondern selbst denken, bei sich bleiben.

Das Resultat der Lebensstilüberarbeitung ist ein Gefühl der Achtsamkeit, des für sich selbst Da-Seins, Freude daran, die Architektin oder der Architekt des eigenen Lebens zu sein. Es gibt Energie, und gute Grenzen zu anderen werden gebildet, welche dann auch im Umgang mit der sozialen Ängstlichkeit sehr hilfreich sind, da ein neu gewonnenes Gefühl der Kontrolle wächst.

Wie bereits oben erwähnt, ist es wichtig, zu erkunden, wo jemand am Extraversion-/Introversion-Spektrum ist. Allzu oft ist wenig Selbstkenntnis in diesem Punkt der Fall, was zu störenden Erwartungen an sich selbst führt. Das Ziel ist hier, mit realistischen Erwartungen zu arbeiten. Es soll also nicht jemand von sich erwarten, ein Treffen nach dem anderen zu absolvieren, wenn nach sozialen Kontakten eine Erholungsphase nötig ist, um diese sozialen Momente auch nachhaltig genießen zu können. Erfahrungsgemäß hadern viele damit, dass sie introvertiert sind, und dann ist es wichtig, herauszufinden, wie viel Zeit sie mit anderen verbringen können, ohne sich zu erschöpfen. Dieses Hadern trägt nur zur sozialen Ängstlichkeit bei. Wichtig ist es, die eigene Konstitution akzeptieren zu lernen.

5.11 Positive Bestärkung und Selbstanerkennung

Der Weg der Besserung fordert von der Klientin und dem Klienten in jedem Fall den Willen, etwas zu ändern. Ich bereite sie auch immer darauf vor, dass es Mut brauchen wird von ihrer Seite, sich unangenehmen Gefühlen, Situationen und Gedanken zu stellen. Wenn ich sie in weiterer Folge dabei beobachte, dass sie auch nur in der kleinsten Weise mutig sind, werden sie gelobt, positiv bestärkt und auch angeregt, sich selbst Anerkennung auszusprechen. Des Weiteren ermuntere ich sie auch immer, etwas zu tun, das sie selbst stolz macht, sich selbst imponieren. Das alles hilft, um aus der Spirale der Angst herauszukommen und stützt die Schritte, die konkret auf Üben in sozialen Situationen ausgerichtet sind.

5.12 Selbstwert stärken

Der Selbstwert beeinflusst das Erleben maßgeblich. Es ist für die Behandlung auch von Vorteil, den Selbstwert an sich zu beleuchten und zu fördern. Schachinger (2020) identifiziert drei Säulen, die den Selbstwert ausmachen: Zwischenmenschliche Beziehungen, Selbstfürsorge und persönliche Entwicklung. An diesen drei Säulen anzusetzen, ist eine gute begleitende Schiene, die den gesamten Menschen unterstützt und somit dem Behandlungserfolg eine fundierte Basis geben kann.

6 Virtual-Reality-(VR-)Therapie

Die Anwendung der VR-Technologie weist einige Vorzüge auf in der Behandlung der sozialen Phobie. In der VR-Therapie werden die Fortschritte in computertechnologischer und psychologischer Wissenschaft vereinigt. Die Schritte Kontakt – Konfrontieren – Verarbeiten von schwierigen Erinnerungen, Kognitionen, Gefühlen sind im Zuge der VR-Therapie gut leitbar. Es hilft mit Situationen, die sonst vermieden werden (Rizzo, 2015). Das Vermeidungsverhalten wird ausgeschaltet. Die VR-Therapie befindet sich in einem glücklichen Mittel zwischen dem es sich Vorstellen in Gedanken/Imagination (mit hohem Vermeidungsverhalten) und der Exposition (aufwendig, teuer) der problematischen Situation. Insgesamt ist die VR-Therapie sehr beeindruckend. Sie ist in die Gegenwart geholt worden durch verbesserte Anwenderfreundlichkeit und generelle Akzeptanz von Online- und Computerspielen und mutet in ihrer fast grenzenlosen Anwendbarkeit dennoch futuristisch an.

Als ich im Jahr 2008 einen Cyber Psychology Kongress in San Diego, Kalifornien, besuchte, konnte ich ein VR-Headset ausprobieren. Ich war sofort von seiner Mächtigkeit beeindruckt und überzeugt. Mit dem simplen Aufsetzen einer etwas überdimensional anmutenden Brille wird man an den Rand einer Schlucht gebracht oder findet sich Auge in Auge mit einer klein bis großen Spinne wieder. Das eigene Gehirn nimmt es als echt wahr und beginnt alle Körperreaktionen, die in einer echten Umgebung auch passieren würden (CyberTherapy, 2008). Doch die Bedienung von Seiten der Expertinnen und der Experten bedurfte damals noch fundiertes Computerwissen und die Anschaffung der Ausrüstung war noch sehr teuer und somit nur in Reichweite größerer Institutionen, mit Sicherheit nichts für die Privatpraxis. Beide Hürden haben sich seither zum Vorteil für die Anwendenden aufgelöst. Zusätzlich hat sich das Repertoire an Szenarien ausgeweitet und gehen über die anfänglich nur spezifischen Phobien hinaus. Damit haben sich auch die Anwendungen vervielfältigt. Aktuell stellt die VR-Technologie eine interessante, effektive und effiziente Behandlungsmöglichkeit dar. Computerkenntnisse sind kaum noch nötig bzw. gibt es technischen Support von VR-Technologie-Anbietern.

Weitere Anwendungen von VR-Technologie

Während die Liste der anwendbaren psychischen Störungen für die VR-Therapie lang ist, gibt es noch zwei weitere Anwendungsgebiete, die besonders interessant sind:

1. Durch die messbaren Parameter kann der Behandlungserfolg gut sichtbar gemacht, gemessen und dokumentiert werden. Fortschritte sind durch die kontrollierte Umgebung gut sichtbar. Der Fokus kann auf der Verbesserung des vorhandenen Problems liegen und die angstauslösenden Faktoren können in ihrem Ausmaß geeignet manipuliert werden, um den bestmöglichen Behandlungsverlauf zu erstellen.
2. Gerade bei der unterschwelligen sozialen Phobie kann ein kurzes Durchspielen des Party- oder des Kellner-Szenarios gut sichtbar machen, ob grundsätzlich eine soziale Phobie vorhanden ist, wenn auch Berichte von Betroffenen nichts anzeigen bzw. sogar dagegen sprechen. Die VR-Technologie kann als Diagnoseinstrument eingesetzt werden zur Bestimmung, ob und zu welchem Grad eine soziale Phobie vorhanden ist. Dafür kann die Bar-, Party- oder Bedienungsszene verwendet werden. Kommt beispielsweise eine Klientin oder ein Klient zur Behandlung mit dem Verdacht auf eine generalisierte Angststörung, und es zeigt sich im Laufe der Anamnese der Verdacht auf soziales Vermeidungsverhalten, kann sie oder er einem VR-Szenario mit Personeninteraktion ausgesetzt werden. Je nach subjektivem Erleben kann man auf eine Sozialphobie schließen oder ausschließen.

Vorteile gegenüber herkömmlicher Behandlung

- Die speziell erstellten virtuellen Welten haben speziell für ein Problem erstellte Übungen, die auszuführen sind. Man kann sich auf das Problem konzentrieren.
- Die virtuellen Umgebungen zeigen einen hohen Grad an Wiederholbarkeit und Kontrollierbarkeit auf. Diese beiden Parameter sind essenziell, um einen Behandlungsplan zu erstellen und auch den Behandlungserfolg zu messen. Man kann sich auf die Aufgabe konzentrieren.
- Durch die Ähnlichkeit mit Videospielen ergibt sich ein hoher Unterhaltungswert, wodurch die Anwenderinnen und Anwender hoch motiviert und somit mit an Bord sind.
- Es ist eine alternative Form zur Expositionstherapie in vivo, die weniger aufwendig ist und auch wesentlich weniger kostet, wodurch die Therapie viel mehr Betroffenen zugänglich ist.
- Die Anwenderinnen und Anwender agieren mit harmlosen Repräsentationen von sonst angstauslösenden und teilweise traumatisierenden Stimuli (Rizzo, 2015).
- Die angstauslösenden Parameter können schrittweise vergrößert werden. Damit ist es leicht, mit geringer Intensität zu beginnen. Es wird für die Betroffenen leicht tolerierbar.
- Wir können uns unseren Ängsten in einer sicheren Umgebung gegenüberstellen.

- Die Daten von den Übungen können analysiert und für eine noch gezieltere Behandlung eingesetzt werden.
- VR-Therapie hilft, das Stigma von psychischen Störungen zu vermindern. Sie ist modern und wird generell als „cool" wahrgenommen.
- Durch die Kontrollierbarkeit ist sie schnell.
- Die Anwenderin oder der Anwender fühlt sich mehr involviert in den Prozess der Desensibilisierung.
- Die Technologie wird ständig besser. Neue Abonnement-Modelle verringern die Kosten maßgeblich und erlauben das nahtlose Übergehen zu neuerer Software ohne erneute Anschaffungskosten.
- Anwenderfreundlichkeit hat in den letzten Jahren sichtbar zugenommen. Die VR-Therapieausrüstung kann auch von Therapeutinnen und Therapeuten verwendet werden, die kaum Computerkenntnisse haben. Die Abonnement-Anbieter stellen auch technischen Support zur Verfügung.

7 Weitere Anwendungen der Virtual-Reality-Therapie: Alkoholismus, Esssucht, Spielsucht

Für die Behandlung von Süchten wie Alkoholsucht, Esssucht und Spielsucht gibt es einige erleichternde und vorteilhafte Ergänzungen durch die Anwendung der VR-Therapie. Dadurch werden die Möglichkeiten für das Gesundheitssystem maßgeblich ausgeweitet (MayoClinic 2020).

Durch diverse VR-Szenarien können Menschen mit Suchtproblemen in einer sicheren und kontrollierten Umgebung ihren Auslösern ausgesetzt werden. Danach werden ihre Erlebnisse, die sie in der virtuellen Realität hatten, mit der Psychologin oder dem Psychologen besprochen. Diese Intervention in besonders herausfordernden Momenten ist sehr erfolgversprechend, da die Betroffenen eine Expertin oder einen Experten direkt bei sich haben, wenn sie mit dem Mittel ihrer Sucht gelockt und in Versuchung gebracht werden.

Die VR-Szenarien sind so angelegt, dass echtes Verlangen in den Menschen ausgelöst wird, wenn sie die jeweilige Szene erleben. Durch das bewusste Erleben und Durchbesprechen, was passiert ist, zu welchem Zeitpunkt das Verlangen ausgelöst wurde, wann noch gegengesteuert werden kann, welche alternativen Verhaltensweisen gesetzt werden können, kann die Auslösesituation in der virtuellen Realität auf die Betroffenen abgestimmt und so auch die Behandlung individualisiert werden. Dies kann bestimmter zum Ziel führen, nicht mehr den Verlockungen zu erliegen und konkrete Schutzmaßnahmen zu setzen, wenn sie erst einmal erarbeitet worden sind. Durch das neurologisch als echt erlebte Vorgehen in der Praxis, zugleich abgeschottet vom Alltag und seinen suchtauslösenden Momenten, kann sehr methodisch an die Suchtverhaltensweisen herangegangen werden.

7.1 Szenarien

Wenn jemand eine Alkoholsucht aufweist, können verschiedenen Szenarien angewendet werden, je nachdem, was bereits das Verlangen nach Alkohol auslöst. So kann sich die oder der Betroffene auf einer Party wiederfinden (virtuell) und andere dabei aus der Ferne beobachten, wie sie Alkohol trinken. Ein anderes Szenario zeigt eine Bar, an der bestellt werden kann. Ein Menü zeigt alkoholische und nichtalkoholische Getränke. Was wird bestellt werden? Wieder eine andere Szene begibt die Betroffenen oder den Betroffenen in die Rolle einer Kellnerin oder eines Kellners.

Jemand mit einer Esssucht kann ein virtuelles Buffet besuchen. Was wird da erlebt? Welche Emotionen kommen auf? Was wird sich jemand vom Buffet nehmen oder nicht nehmen?

Für die Spielsucht ist in einem Partyraum auch ein Spielautomat. Kommt das dringende Bedürfnis zu spielen bereits beim Anblick des Automaten auf? Von wie weit entfernt? Kann näher gegangen werden?

Diese und viele andere Fragen können gemeinsam mit den Betroffenen besprochen und geklärt werden. Die Auslöser, das Verlangen nach der suchtbelasteten Substanz, der Behandlungserfolg, all diese Parameter können gemessen werden, was wertvolle Informationen für den Behandlungserfolg liefert. Die Exposition zu diesen VR-Szenarien, die suchtauslösende Elemente für die jeweiligen Anwenderinnen und Anwender haben, begibt diese in eine stressauslösende Situation. Dadurch wird auch Einsicht darin erlangt, wie es den jeweiligen Personen geht im Hinblick auf die suchtauslösende Substanz. Die Konfrontation mit der Sucht in der psychologischen Praxis ist von besonderem Wert, da diese kritischen Momente bislang von den Betroffenen im Feld alleine erlebt und gemeistert werden mussten. Durch die professionelle Begleitung können die Schlüsselmomente und -szenen intensiv beleuchtet und zum Vorteil des Behandlungserfolges besprochen und bearbeitet werden. Die psychologische Behandlung knüpft direkt an das Erleben nur Momente zuvor in der virtuellen Realität an. Die Selbstwirksamkeit und Selbstwirksamkeitserwartung wachsen mit wiederholter Übung der VR-Szenarien. Die Selbstwirksamkeit ist ein sehr wirkungsvoller Faktor im Hinblick auf Gesundheitsverhalten (Egger 2020).

Zusammenfassung

Jede erfolgreiche Behandlung einer sozialen Phobie ist komplex und sehr individuell aufzubauen. Der Einsatz von VR-Technologie gibt dem Behandlungsplan eine Fundierung von großem Wert. Die Nuancen und individuell jeweils unterschiedlichen Bestandteile der Behandlung können an die zuverlässigen, messbaren und konkret manipulierbaren Parameter der VR-Szenarien angeknüpft und durch sie verankert und überprüft werden. Die Verwendung der VR-Technologie ist das Herzstück einer sonst so schwer greifbaren Behandlung. Durch sie wird der Plan robuster und leichter überschaubar sowie ausführbar.

Literatur

American Psychiatric Association. (2005). *Diagnostic and statistical manual of mental disorders* (4. Aufl.). American Psychiatric Association.

Bandler, R. (2013). *The ultimate introduction to NLP. How to build a successful life* (Reprint Edition). Harper Collins.

Berghändler, T., et al. (2007). Die soziale Phobie: Ätiologie, Diagnostik und Behandlung. *Schweiz Med Forum 2007, 7,* 225–230. https://www.ppp-baden.ch/download/soziale_phobie1.pdf. Zugegriffen: 2. Nov. 2020.

Cain, S. (2012). *Quiet: The power of introverts in a world that can't stop talking*. Random House.

Coach for Life. (2008). *Life coach certification course manual*. Coach for Life.

Cuncic A. (2020). A brief history of social anxiety disorder. https://www.verywellmind.com/a-brief-history-of-social-anxiety-disorder-3024708. Zugegriffen: 26. Okt. 2020.

CT13. (2008). *13th Annual CyberTherapy conference. Advanced Technologies in the Behavioral, Social and Neurosciences*. San Diego.

Dyer, W. (2015). *I can see clearly now* (Reprint Edition). Hay House Inc.

Edlinger, S. (2000). Die psychologischen Typen von C. G. Jung in Zusammenhang mit den vier Elementen der Astrologie, mit Religion und Esoterik. Diplomarbeit an der Universität Wien.

Egger, J. (2020). Selbstwirksamkeit und Selbstwirksamkeitserwartung – Ein wirkmächtiges kognitives Konstrukt für gesundheitliches Verhalten. *Zeitschrift Psychologie in Österreich,* (im Druck).

Ellis, A. (1967). Rational-emotive psychotherapy. In D. Arbuckle (Hrsg.), *Counseling and psychotherapy* (S. 84). McGraw-Hill.

Hanh, T. N. (2010). *Reconciliation. Healing the inner child*. Parallax Press.

Horn, A. (2015). Phobias: The ten most common fears people hold. https://www.abc.net.au/news/2015-05-01/ten-of-the-most-common-phobias/6439210#:~:text=Phobias%3A%20The%20ten%20most%20common%20fears%20people%20hold.,5%20Claustrophobia%3A%20fear%20of%20enclosed%20spaces.%20More%20items. Zugegriffen: 20. Okt. 2020.

Maass, V. S. (2017). *Social anxiety. A recovery guide for sufferers, family and friends*. Praeger.

MayoClinic. (2020). Virtual reality. Expanding the possibilities for health care. HealthLetter. MayoClinic.com. Print version November 2020, S. 3.

Mitte, K., Heidenreich, T., & Stangier, U. (2007). *Diagnostik bei Sozialen Phobien*. Hogrefe.

Ortner, N. (2013). *The tapping solution. A revolutionary system for stress-free living*. Hay House Inc.

Rizzo, A. (2015). Speaking of psychology: Improving lives through virtual reality therapy. https://www.apa.org/research/action/speaking-of-psychology/virtual-reality. Zugegriffen: 2. Nov. 2020.

Schachinger, H. (2020). Selbstwertgefühl und wertschätzende Beziehungen. Ein Praxisbericht. *Zeitschrift Psychologie in Österreich,* (im Druck).

Täuber, M. (2020). *Gedanken als Medizin*. Goldegg.

Weymann, N. (2020). Informationen Soziale Phobie. https://www.psychenet.de/de/psychische-gesundheit/informationen/soziale-phobie.html. Zugegriffen: 2. Nov. 2020.

Produkte und Szenarien

Michael Altenhofer

Wenn man von Wirksamkeit und Praxistauglichkeit überzeugt ist, bleibt noch die Frage: Wie kann ich jetzt selbst damit starten? Auch darauf möchte dieses Buch Antworten geben. Deshalb werden in diesem abschließenden Kapitel Informationen zu Hardware und Software gegeben. Außerdem wird ein Produkt für die VR-Therapie vorgestellt, das vor allem für kleinere Praxen und Kliniken konzipiert ist.

1 Hardware

Die Mindestanforderung für die VR-Therapie ist ein performanter Laptop und eine VR-Brille mit Insight-out-Tracking.

Normale Laptops reichen in der Regel nicht aus, da die Grafikkarten und Prozessoren nicht für dreidimensionale Simulationen gebaut wurden. Sogenannte Gaming-PC sind geeignete Modelle, da sie für denselben Vorgang wie in der VR-Therapie gerüstet sind: 3D-Räume werden in eine VR-Brille gespielt, die man interaktiv begehen kann. Dies erfordert eine enorme Rechen- und Grafikleistung. Die Grafikkarte sollte vom Modell GTX1660 oder besser sein.

VR-Brille mit Insight-out-Tracking bedeutet, dass sich kleine Kameras auf der Brille befinden. Nur so kann das Gerät der Software eine Bewegung rückmelden, wodurch das reale Begehen eines 3D-Raumes möglich wird. Alternativen sind VR-Brillen, für die man Sensoren im Raum aufstellen muss. Diese sind in der Anschaffung meistens teurer und weniger praktikabel.

M. Altenhofer et al., *Virtual-Reality-Therapie*,
https://doi.org/10.1007/978-3-662-63457-8_5

2 Software

Das Grundprinzip sollte sein, dass Therapeuten auf dem Monitor mitschauen können, was die Patienten sehen. Außerdem sollten Therapeuten die Konfrontation durch verschiedene Parameter graduell steuern können. Zum Beispiel das Stockwerk oder die Größe einer Spinne wechseln. Das bedeutet, am Monitor des Laptops sollte sich die Steuerungssoftware für den Therapeuten befinden. Von dort wird das Szenario in die Brille gespielt.

Andere Varianten, bei denen die Patienten selbst in der Brille ein Szenario auswählen müssen und es keine Verbindung zum Laptop gibt, sind für Therapien weniger geeignet, da dadurch die Interaktion zwischen Patienten und Therapeuten kaum noch stattfindet. Man müsste regelmäßig nachfragen „Was sehen Sie gerade?" statt spontan darauf eingehen zu können und eventuell spontane Interventionen wie Entspannungsübungen etc. anzuleiten.

Wie Johannes Lanzinger in seinem Kapitel schon erwähnte, sollten die Szenarien aus Basis 6DoF programmiert sein. Das bedeutet, dass sich die Patienten körperlich durch die Szenarien bewegen können. Also mit eigenen Schritten beispielsweise auf einem Brett entlanggehen. Außerdem ermöglicht 6DoF auch, dass Patienten mit ihren Händen Gegenstände greifen (zum Beispiel Getränke) und bestimmte Aufgaben lösen. Deshalb haben Patienten meistens die Controller in der Hand. Im virtuellen Raum werden daraus Hände. Drücken sie eine bestimmte Taste am Controller, schließt sich die Hand und man hält damit einen Gegenstand fest.

3 Das VR Coach *smart system*

Aus Transparenzgründen wird darauf hingewiesen, dass die Initiatoren dieses Buches auch die Entwickler dieses Produktes sind.

Die Hardware des VR Coach smart system besteht aus zwei Komponenten: Laptop und VR-Brille. Bei den technischen Daten des Laptops wird das Prinzip „So viel wie nötig, so wenig wie möglich" verfolgt. Dadurch soll sichergestellt werden, dass die Performance für die Szenarien der VR-Therapie einwandfrei läuft, die Anschaffungskosten aber möglichst niedrig bleiben.

Als VR-Brille wird zum Zeitpunkt der Manuskriptabgabe die HP Reverb G2 verwendet. Es sind aber weitere Modelle mit Insight-out-Tracking kompatibel: Oculus Quest 1, Oculus Quest 2, HP Reverb G1, Samsung Odyssey.

Auf dem Laptop befindet sich eine vorinstallierte Therapeuten-Software. Darin kann man den Zugang zu den Szenarien und 360-Grad-Filmen auf Abonnementbasis erwerben. Das bedeutet, man kauft zuerst die Hardware und abonniert später die Inhalte. Im Vergleich zu anderen reinen Kaufangeboten werden dadurch die Anschaffungskosten – auch langfristig gesehen – gesenkt. Gleichzeitig nutzt man durch das Abo die Vorteile der Flexibilität. Jeden Monat kann man eine neue Auswahl treffen, welche Szenarien und

Filme benötigt werden. Optional können auch verschiedene Bio- und Neurofeedback-Sensoren genutzt werden, deren Daten in einem eigenen Screen in der Therapeuten-Software angezeigt werden.

Auf den folgenden Seiten finden Sie Informationen zu den Unterschieden von Szenarien und 360-Grad-Filmen. Und welche Inhalte im VR Coach *smart system* verfügbar sind und welche Funktionen diese haben. Das Angebot wird laufend ergänzt und kann sich seit Erscheinen dieses Buches stark erweitert haben.

Unter manchen Bildern gibt es Hinweise zu Webinaren. In diesen Webinaren können Sie die Arbeit mit diesen Szenarien erleben und sich Inputs für die Phobienbehandlung mitnehmen.

4 Szenarien

Szenarien sind computergenerierte, vollinteraktive Umgebungen, durch die sich Ihre Patienten bewegen, dort Gegenstände greifen und Aufgaben lösen können. So kann der Grad der Konfrontation vom Patienten, aber auch vom Therapeuten individuell gesteigert werden. Teilweise ist auch eine spielerische Herangehensweise an angst- oder stressauslösenden Situationen möglich.

Was der Patient wann in einem Szenario tut, ist individuell. Eine zeitliche Limitierung gibt es nicht.

Therapeuten können am Laptop aktiv in das Szenario eingreifen und verschiedene Änderungen bzw. Aktionen steuern.

4.1 Seminarraum

Sprechen vor Publikum zählt zu den größten Ängsten überhaupt! (S. Webinar zu diesem Szenario unter www.vr-webinar.com, © VR Coach GmbH)

Behandlung von Sozialphobie und Vorbereitung auf Vorträge, Job-Interviews und Prüfungen

Egal, ob für Präsentationen, Bewerbungsgespräche oder Prüfungen: Mit diesem Szenario helfen Sie Ihren Patienten in einer völlig neuen Weise.

Beschreibung des Szenarios

Die Patienten befinden sich zum Start des Szenarios im Eingangsbereich des Raumes. Der Patient geht selbst oder teleportiert sich mittels Klick am Controller in die Mitte des Raumes. Vor ihm befinden sich Tische in einer U-Form mit 12 Personen. Der Patient kann jetzt seinen Vortrag beginnen. Der Therapeut kann währenddessen verschiedene Reaktionen des Publikums auslösen. Konkret:

- Unruhe,
- Gelächter,
- hohe Aufmerksamkeit oder
- jemand hebt eine Hand, um eine Frage zu stellen.*

Ansonsten bewegen sich die Avatare in einer natürlichen Art und Weise.

Weiteres Feature

- Der Therapeut kann per Klick das Szenario verändern, sodass sich der Patient wahlweise sitzend vor nur noch drei Personen oder stehend auf einer Bühne vor hunderten Zuhörern befindet.
- Der Therapeut kann auch hier eine Person die Hand heben lassen, um eine Frage zu stellen.*

Dieses Feature wird verwendet, wenn ein Job-Interview oder eine Prüfungssituation simuliert wird.

Die Option „Fragen stellen durch Handheben einer Person“ wird so umgesetzt, dass zwar im Szenario eine Person eine Frage stellen will, die Frage aber real vom Therapeuten gestellt wird. Dadurch ist ein hohes Maß an Individualität möglich. Fragen mit therapeutischem Mehrwert werden in Vorgesprächen mit dem Patienten ermittelt.

4.2 Flugzeug

Die Angst vor Flugzeugen kommt nicht nur von der Angst vor dem Fliegen (s. Webinar zu diesem Szenario unter www.vr-webinar.com, © VR Coach GmbH).

Behandlung von Aviophobie, Klaustrophobie und Agoraphobie
Auch der erwartete Platzmangel und das Gefühl, weit von zu Hause weg zu sein, können Panikreaktionen auslösen. Mit diesem Szenario helfen Sie Ihren Patienten, private und berufliche Reisen zu bewältigen.

Beschreibung des Szenarios
Der Patient steht zu Beginn im Gang des Flugzeugs, geht einige Schritte und sucht einen freien Platz. Auf einer Seite befinden sich zwei freie Plätze. Der Patient klickt auf einen Sitz und teleportiert sich dorthin. Der Patient sollte sich nun auch bei Ihnen in der Praxis hinsetzen.

Im Flugzeug nimmt der Patient die typische Atmosphäre einige Minuten vor dem Start wahr. Er kann am Fenster oder am Gang sitzen.

Der Therapeut kann verschiedene Aktionen auslösen. Konkret:

- Start – beim Blick aus dem Fenster und durch die lauter werdenden Motorengeräusche entsteht ein authentisches Starterlebnis. Nach einigen Minuten geht das Flugzeug in einen normalen Flugmodus über.
- Landung – auch hier erlebt der Patient einen realistischen Sinkflug mit anschließender Landung.
- Der Platz neben dem Patienten kann mit einer fremden Person besetzt oder wieder freigemacht werden.

4.3 Veranstaltungsfoyer

Sich zu einem Tisch mit fremden Menschen gesellen, Kontakt aufnehmen, Smalltalk führen, netzwerken – für viele Menschen mit Sozialphobie oder ähnlichen Problemen eine kaum lösbare Aufgabe (s. Webinar zu diesem Szenario unter www.vr-webinar.com, © VR Coach GmbH).

Behandlung von Sozialphobie, Schüchternheit und Essstörungen
Mit diesem Szenario helfen Sie Ihren Patienten, damit umzugehen!

Beschreibung des Szenarios
Der Patient befindet sich in der Ecke eines großen Pausenraumes, von wo aus er eine gute Übersicht über das Geschehen hat. Er kann selbst durch den Raum gehen oder sich mittels Klick am Controller zu bestimmten Punkten teleportieren.

Am Rand des Raumes steht ein Buffettisch mit Getränken und Speisen. Der Therapeut kann in diesem Szenario viele Features nutzen. Konkret:

- Der Therapeut kann die Anzahl der Tische von 0–7 mit jeweils 2 Personen steigern.
- Der Patient kann sich jedem Tisch mit Personen annähern.
- Der Therapeut kann positives oder negatives Feedback der Personen auslösen.

Weitere Interaktionsmöglichkeit durch das Kellnerspiel
- Der Patient kann in eine Hand ein Tablett mit Getränken nehmen.
- Der Therapeut kann eine Getränkebestellung durch die Handbewegung einer Person auslösen.
- Der Patient serviert ein Getränk zu diesem Tisch.
- Der Therapeut kann auch hier negatives oder positives Feedback auslösen.

Weiteres Feature zum Thema „Essen“

- Der Patient kann einen Teller mit Pizza oder einen mit Torte in die Hand nehmen.
- Der Patient kann mit diesem Teller durch den Raum gehen und ihn auf einem Stehtisch abstellen oder wieder zurückbringen.

Dieses Feature kann bei Patienten mit Essstörungen interessante Erkenntnisse zum bisherigen Therapieerfolg bringen.

4.4 Bar mit Spielautomaten

Statt Angst lösen diese Umgebungen bei vielen der Betroffenen Stress aus und sind daher genauso für Expositionen geeignet (s. Webinar zu diesem Szenario unter http://www.vr-webinar.com, © VR Coach GmbH).

Behandlung von Alkoholismus und Spielsucht
Als Therapeut können Sie hier das Verhalten Ihrer Patienten beobachten und Feedback einholen.

Beschreibung des Szenarios
Ihr Patient steht zu Beginn im Eingangsbereich einer Bar und kann entweder zur Bar selbst oder zu Spielautomaten gehen. Drei Spielautomaten sind besetzt und einer ist frei. Je nachdem, um welche Behandlung es geht, hat der Therapeut verschiedene Optionen.

- Klick auf „Bar“: Die Spielautomaten verschwinden, der Fokus liegt auf der Bar.
- Klick auf „Gambling“: Die Spielautomaten machen mit Lichtern und Geräuschen auf sich aufmerksam und sollen so anziehend auf Patienten wirken.
- Außerdem kann ein Gewinn ausgelöst werden.

Für den Patienten gibt es folgende Interaktionsmöglichkeiten:

- Durch den Raum bewegt er sich entweder selbst oder durch Klicks auf die Teleportpunkte.
- An der Bar kann er mit Klicks auf eine Getränkekarte verschiedene Getränke wählen. Das Getränk wird wahlweise von einem Barkeeper serviert oder erscheint einfach auf der Bar.
- Das erhaltene Getränk kann er in die Hand nehmen und mit sich tragen oder wieder zurückstellen.
- Den freien Spielautomaten kann er durch Knopfdruck aktivieren und etwas gewinnen.

4.5 Raum mit Spinne

Die Angst vor Spinnen ist weit verbreitet (s. Webinar zu diesem Szenario unter http://www.vr-webinar.com, © VR Coach GmbH).

Behandlung von Spinnenphobie
Die Betroffenen leiden nicht nur beim Anblick einer Spinne, sondern auch bei jedem Gang in den Keller oder auch beim Aufräumen des Wohnraumes. Allein die Möglichkeit, dass eine Begegnung stattfinden könnte, schränkt die Lebensqualität ein. Dieses Szenario ist genau der kontrollierte Rahmen, den Betroffene für eine erfolgreiche Behandlung brauchen.

Beschreibung des Szenarios
Zu Beginn steht der Patient in einem Raum und blickt zu einem Tisch mit einem Sessel. Dorthin kann er gehen oder sich mittels Klick auf dem Controller hinteleportieren.

Beim Sessel angekommen, kann er darauf Platz nehmen. Zu diesem Zeitpunkt sollte der Therapeut dem Patienten dabei helfen, sich auf einen realen Stuhl zu setzen. Im Szenario sitzt der Patient nun vor einem virtuellen Tisch.

Der Therapeut kann in diesem Szenario folgende Features steuern:

- Per Klick erscheint eine Spinne am anderen Ende des Tisches.
- Per Klick kann die Spinne in Bewegung gesetzt werden, worauf sie herumkrabbelt.
- Die Größe und die Bewegungsgeschwindigkeit der Spinnen können in mehreren Stufen gesteigert werden.
- Per Klick kann die Spinne zum Patienten krabbeln und dort stehen bleiben.
- Der Patient kann mit einem länglichen Gegenstand oder seiner virtuellen Hand die Spinne berühren.

4.6 Höhe

Höhenangst gehört zu den am weitesten verbreiteten spezifischen Phobien (s. Webinar zu diesem Szenario unter http://www.vr-webinar.com, © VR Coach GmbH).

Behandlung von Höhenangst

Die Betroffenen leben im permanenten Stress, im Alltag mit Höhe konfrontiert zu werden. Urlaubs- oder Geschäftsreisen werden zur Qual. Mit diesem Szenario schaffen Sie bei dieser an sich sehr gut zu behandelnden Phobie schnelle und dauerhafte Erfolge.

Beschreibung des Szenarios

Der Patient steht auf einer Terrasse eines Hochhauses. Vor ihm ragt ein Steg weit hinaus. Der Patient kann auf diesem Steg nach vorne gehen und links und rechts nach unten schauen. Alternativ zum Selber-Gehen kann der Patient sich auf verschiedene Punkte auf diesem Steg teleportieren. Der Therapeut kann die Höhe des Stockwerkes ändern und weitere Features nutzen.

Der Therapeut kann in diesem Szenario folgende Features steuern:

- Auswahl des Stockwerkes zwischen 1, 3, 8, 20,
- Einschalten von Stadtgeräuschen in den unteren Stockwerken,
- Einschalten von Windgeräuschen in den oberen Stockwerken,
- die Teleport-Punkte verschwinden oder erscheinen lassen.

4.7 360-Grad-Filme

360-Grad-Filme sind Umgebungen, die mit einer 360-Grad-Kamera aufgenommen wurden. Patienten erleben darin realistische Situationen und können in alle Richtungen blicken.

360-Grad-Filme werden ebenfalls für Expositionen in angst- oder stressauslösenden Situationen verwendet. Außerdem eignen sie sich perfekt für Entspannungsübungen in schönen Naturkulissen.

Die Reihenfolge und Dauer der Szenen sind wie in einem Film vorgegeben. Patienten haben nichts aktiv zu tun, sondern sind nur Beobachter.

4.7.1 Zahnarzt

Die Angst vor dem Zahnarzt führt bei den Betroffenen zu nachteiligen Vermeidungsstrategien. Anders als bei manch anderen Ängsten kann man sich hier nicht ein Leben lang mit der Vermeidung arrangieren. Mit diesem Angebot helfen Sie Ihren Patienten, rechtzeitig einen Zahnarzttermin wahrzunehmen (s. Zahnarzt, © VR Coach GmbH, https://www.vr-coach.at/vr-szenarien-und-360-grad-filme/ abgerufen am: 21. 8. 2021).

Beschreibung der Zahnarzt-Exposition
Der Patient befindet sich zuerst vor der Türe einer Zahnarztpraxis. Die Tür öffnet sich, worauf ein Szenenwechsel folgt. Der Patient findet sich nun sitzend im Warteraum wieder. Typische Bohrgeräusche sind bereits zu hören. Danach folgt ein Szenenwechsel in den Behandlungsraum. Dort befindet sich der Patient stehend vor dem Behandlungsstuhl. Nach dem nächsten Szenenwechsel erlebt sich der Patient auf dem Behandlungsstuhl liegend. Links neben ihm steht eine Zahnarztassistentin. Es sind typische Bohr- und Sauggeräusche zu hören.

Die Reihenfolge der Szenen noch einmal im Überblick
1. Stehend vor der Türe (Dauer: 01:00 min),
2. sitzend im Warteraum (Dauer: 01:30 min),
3. stehend vor dem Behandlungsstuhl (Dauer: 00:40 min) und
4. liegend auf dem Behandlungsstuhl (Dauer: 02:00 min).

Gesamte Dauer: 05:10 min.

4.7.2 Keller

Keller wirken auf viele Menschen bedrohlich. Die damit verbundenen Ängste sind unterschiedlich – Spinnen, Enge, Geister, Einbrecher, um nur einige Beispiele zu nennen. Trotzdem ist der Gang in den Keller oft unausweichlich. Mit diesem Angebot helfen Sie Ihren Patienten, ihn mit mehr Gelassenheit zu bewältigen (s. Keller, © VR Coach GmbH, https://www.vr-coach.at/vr-szenarien-und-360-grad-filme/ abgerufen am: 21. 8. 2021).

Beschreibung der Keller-Exposition
Der Patient steht am Fuße eines Kellerabgangs. In der nächsten Szene befindet er sich vor einem alten Kellerabteil. Es folgt ein Szenenwechsel, woraufhin sich der Patient in diesem Abteil befindet. Danach ändert sich die Perspektive. In beiden Perspektiven kann er als Aufgabe bekommen, eine Spinne zu finden, die sich an bestimmten Stellen befindet. Danach folgen weitere Szenen, die den Patienten in einen dunklen Gang führen.

Die Reihenfolge der Szenen noch einmal im Überblick
1. Vor einem Kellerabgang (Dauer: 00:20 min),
2. vor einem Kellerabteil (Dauer: 00:20 min),
3. in diesem Kellerabteil (Dauer: 02:00 min),
4. eine weitere Perspektive in diesem Abteil (Dauer: 01:00 min),
5. in einem Gang (Dauer: 00:20 min) und
6. Ende des dunklen Gangs (Dauer: 00:40 min).

Gesamt Dauer: 04:10 min.

4.7.3 Öffentliche Verkehrsmittel

Das Vermeiden von öffentlichen Verkehrsmitteln kann mit unterschiedlichen Ängsten verbunden sein. Hier einige Beispiele: Sozialphobie, Angst vor Unfällen, Angst vor Kriminalität, Angst vor Infektionen. Viele Menschen sind aber auf öffentliche Verkehrsmittel angewiesen. Mit diesem Angebot ermöglichen Sie Ihren Patienten einen entspannteren Umgang damit (s. Öffentliche Verkehrsmittel, © VR Coach GmbH, https://www.vr-coach.at/vr-szenarien-und-360-grad-filme/ abgerufen am: 21. 8. 2021).

Beschreibung der Öffi-Exposition
In der ersten Szene befindet sich Ihr Patient an einer Straßenbahnhaltestelle. Die Straßenbahn kommt, die Türe geht auf und es folgt der erste Szenenwechsel. Jetzt befindet sich Ihr Patient in der Straßenbahn in der Nähe anderer Fahrgäste. Manche tragen Schutzmasken, andere nicht. Nach einiger Zeit folgt ein Wechsel zu einer Bushaltestelle. Danach befindet sich Ihr Patient im Bus und erlebt die Fahrt aus zwei verschiedenen Perspektiven.

Die Reihenfolge der Szenen noch einmal im Überblick (https://www.vr-coach.at/vr-szenarien-und-360-grad-filme/ abgerufen am: 21. 8. 2021)
1. Straßenbahnhaltestelle (Dauer: 01:20 min),
2. Straßenbahnfahrt (Dauer: 01:20 min),
3. Bushaltestelle (Dauer: 00:58 min),
4. Busfahrt (Dauer: 00:56 min) und
5. Busfahrt aus anderer Perspektive (Dauer: 01:06 min).

Gesamte Dauer: 05:40 min.

4.7.4 Park im öffentlichen Raum

Vor allem für Menschen mit einer ausgeprägten Sozialphobie ist der öffentliche Raum kaum begehbar. Ein anderes Problem kann die Angst vor Infektionen sein. Die Folge ist oft ein isoliertes Leben in den eigenen vier Wänden. Mit diesem Angebot verhelfen Sie Ihren Patienten zu mehr Lebensqualität und Gesundheit (s. Park im öffentlichen Raum, © VR Coach GmbH, https://www.vr-coach.at/vr-szenarien-und-360-grad-filme/ abgerufen am: 21. 8. 2021).

Beschreibung der Park-Exposition

Ihr Patient befindet sich während der gesamten Exposition in nur einer Szene – sitzend auf einer Parkbank. Was sich ändert, ist das Geschehen rundherum. Zuerst gehen Spaziergänger nahe an der Bank vorbei. Später nehmen zwei Personen auf der Nachbarsbank Platz und unterhalten sich. Danach nimmt eine weitere Person direkt neben Ihrem Patienten Platz und liest eine Zeitung. Dadurch gelingt eine graduelle Steigerung der Exposition.

Die Reihenfolge der Steigerung noch einmal im Überblick

1. Der Patient sitzt allein auf einer Parkbank.
2. Spaziergänger gehen nahe vorbei.
3. Zwei Personen setzen sich auf eine Nachbarsbank.
4. Eine weitere Person setzt sich direkt neben den Patienten.

Gesamte Dauer: 08:24 min.

4.7.5 Grüner Wald

Wälder gelten seit jeher als Orte der Erholung und Gesundheit. Patienten empfinden es als wohltuend, kurze virtuelle Ausflüge in diesen schönen Wald zu unternehmen. Das Besondere: In der letzten Szene befindet sich Ihr Patient auf einer Liege und blickt in die wunderschönen Baumkronen (s. Grüner Wald, © VR Coach GmbH, https://www.vr-coach.at/vr-szenarien-und-360-grad-filme/ abgerufen am: 21. 8. 2021).

Die Szenen im Überblick

1. Ihr Patient befindet sich auf einem schönen Waldweg. (Dauer: 01:30 min)
2. Nach dem Szenenwechsel steht Ihr Patient auf einer Waldlichtung und erblickt eine Liege. (Dauer: 01:30 min)

3. In der abschließenden Szene liegt Ihr Patient auf dieser Liege und blickt in die Baumkronen. (Dauer: 03:00 min)

Gesamte Dauer: 06:00 min.

4.7.6 Winterlandschaft

Heller Sonnenschein, knirschender Schnee, ein funkelnder Bach und weiße Berge am Horizont – ein Ort wie aus einem Wintermärchen. Diese Szenen kombiniert mit entspannender Hintergrundmusik sind die optimalen Voraussetzungen für mehr Ruhe und Gelassenheit (s. Winterlandschaft, © VR Coach GmbH, https://www.vr-coach.at/vr-szenarien-und-360-grad-filme/ abgerufen am: 21. 8. 2021).

Die Szenen im Überblick (https://www.vr-coach.at/vr-szenarien-und-360-grad-filme/ abgerufen am: 21. 8. 2021)

1. Blick auf einen großen zugefrorenen See.
2. Schneebedeckter Waldweg mit Stapfgeräuschen.
3. Blick auf den See aus anderer Perspektive.
4. Holzbrücke mit herabfallendem Schnee von einem Zweig in den Bach.

Gesamte Dauer: 03:30 min.

4.7.7 Sonnenaufgang in Australien

Das Verweilen am Wasser empfinden viele Menschen als erholend und angenehm. Wenn das auch noch an einem menschenleeren Strand in Australien möglich ist, an dem sie einen traumhaften Sonnenaufgang erleben können, wird es zu einem ganz besonderen Erlebnis! (S. Sonnenaufgang in Australien, © VR Coach GmbH).

Der Ablauf im Überblick (https://www.vr-coach.at/vr-szenarien-und-360-grad-filme/ abgerufen am: 21. 8. 2021)

1. Ihr Patient befindet sich immer am selben Ort.
2. Er kann sich in alle Richtungen drehen.
3. Außer dem Meeresrauschen gibt es keine weiteren Geräusche.
4. Minütlich wird wahrgenommen, wie die Sonne immer weiter steigt.

Gesamte Dauer: 08:53 min.

4.7.8 Einsame Bucht auf Mallorca

Sich zurückzuziehen und den Alltag hinter sich zu lassen, ist für viele ein großes Bedürfnis. In dieser einsamen Bucht auf Mallorca ist das perfekt möglich! Ihr Patient lässt den Blick über das Wasser und die kleinen Berge am Horizont schweifen. Von beruhigender Musik und leisem Wasserplätschern wird er in eine immer tiefer werdende Ruhe geführt (s. Einsame Bucht in Mallorca, © VR Coach GmbH, https://www.vr-coach.at/vr-szenarien-und-360-grad-filme/ abgerufen am: 21. 8. 2021).

Der Ablauf im Überblick

1. Ihr Patient befindet sich immer am selben Ort.
2. Die felsige Umgebung steht für Schutz und Rückzug.
3. Neben dem leisen Wasserplätschern ist auch beruhigende Musik zu hören.

Gesamte Dauer: 12:00 min.

Weiterführende Informationen finden Sie unter http://www.vr-coach.at

GPSR Compliance
The European Union's (EU) General Product Safety Regulation (GPSR) is a set of rules that requires consumer products to be safe and our obligations to ensure this.

If you have any concerns about our products, you can contact us on

ProductSafety@springernature.com

In case Publisher is established outside the EU, the EU authorized representative is:

Springer Nature Customer Service Center GmbH
Europaplatz 3
69115 Heidelberg, Germany

www.ingramcontent.com/pod-product-compliance
Ingram Content Group UK Ltd.
Pitfield, Milton Keynes, MK11 3LW, UK
UKHW051956041026
15590UKWH00009B/2330

* 9 7 8 3 6 6 2 6 3 4 5 6 1 *